suncolor

我們，相伴不相絆

國民媽媽郭葉珍無為而治的後青春教養

郭葉珍 著

suncolor 三采文化

目錄 CONTENTS

16堂課／我的老子教養哲學

11心法／孩子長大之後呢？

楔子

我們一家仨

一雙兒女給我的人生課題

兒子小學三年級，女兒一年級時，我和他們的爸爸已經不再有共同生活的意願，決定與其當怨偶，還不如當朋友，開始商議離婚的細節。討論孩子應該要跟誰時，我們以孩子最大的福祉來考量他們的居住安排。除了不要造成孩子得選邊站的兩難及不讓他們暴露在父母的爭吵下，要讓孩子在父母離婚的過程中受到最少的衝擊，最重要的是盡量減少變動。

他們兄妹倆從小一起長大，如果因為父母離婚而必須分開，勢必會造成很大的失落，因此我和孩子的爸爸不採取一人照顧一個孩子這樣表面上公平的安排，而是以讓他們倆不分開為原則。和父母相處的安排上，由於在考慮離婚之前，我已隻身帶著兩個孩子到加拿大蒙特婁麥基爾大學（McGill

University）攻讀碩、博士數年，孩子早已經習慣我的生活與飲食照顧，因此我和孩子的爸爸決定離婚後，週間孩子上學日是由我照顧，週末則是由上山下海、野外求生樣樣都行的爸爸接手，這樣的安排不僅讓我有自己的時間讀書，順利完成博士學位，也讓孩子能夠有較多體能活動，可以說是三贏的安排。

共親職的過程中，孩子的爸爸很尊重我，他認為我是主要照顧者，而且有社會工作與教育心理諮商跨領域博士學位，對我的教養從不干涉，讓我養育子女的過程中完全能依照我的育兒哲學來進行。就如同其他親職教育專家一樣，兒子和女兒在青少年前期所發生的點點滴滴，我幾乎可以印證所有的兒童青少年發展、社會學與心理學理論，要當標準參考案例寫成教科書，都沒有問題。

然而，兩個孩子青春期後期讓我碰到的種種考驗，書上都沒有教，從那個時候開始，我如墜五里雲霧，開始摸索踽踽而行。

兒子討厭上學，不斷地表示想要離開學校，但又不敢離開學校系統，曾經有好長一段時間，他經常性逃學，沉溺於電玩。面對兒子上課睡覺，半夜起來打電玩，我思索著該如何協助他斬斷這個惡習。就讀銘傳法律系二年級的時候，兒子鼓足了勇氣退學，讓自己沒有退路，開始進入職場。他告訴我音樂是唯一讓他能夠有成就感和快樂的事情，他要以此為職志。他的夢想對當時的我而言是空中樓閣，根本不可行。我自己也曾經追求過音樂的夢想，不僅音樂底子比他深厚，參加過的比賽更是無數，我怎麼會不知道這條路能不能當飯吃呢？面對兒子飛蛾撲火似的職業選擇，我該用什麼態度面對？我做了許多哲學省思與理論實踐，但當時我真不知道最後的結果會是什麼。

相較於兒子，女兒在大學畢業之前可以說是一帆風順。她從小不僅循規蹈矩，樂於助人，所有的師長都稱讚她自動自發，應對進退合宜，功課更是不需要我擔心。一直到高三快要學測的時候，發生了她差點跳下捷運軌道自殺的事件，我才意識到什麼叫做「就是因為抗壓性太好，才容易得憂鬱症」，原來她從小就這麼乖巧不需要人擔心，是因為她非常努力地背著重重的壓力往前行，走了好遠好遠的路，終於在高三這個太沉重的階段，感覺到快要走不下去了，興起了結束生命、結束一切痛苦的念頭。

我小時候是個不受管束的孩子，沒有人可以勉強我做任何事，而我也只做想做的事，對於如何教養這樣品學兼優、善體人意，但又極度敏感憂鬱的孩子，我是不熟悉的。女兒給我的挑戰並未在高三「差點跳軌事件」就打住。就讀台大歷史系四年級的時候，連喝水都慢條斯理的她竟然決定到星巴克工作，並且打算畢業後從事服務業。看在我這個擁有全球職涯發展師證照的媽媽眼裡，絕對是個注定失敗的職涯選擇。果然不出我所料，女兒在星巴克過得很辛苦。你以為她就此打退堂鼓嗎？不，她還把挑戰層級升高，大學畢業半年之後到雪霸當房務員，刷廁所、換床單。

本書的第一部分敘述我女兒變心不再愛歷史，叛逆不想讀書，開始尋覓職涯路的過程。其中談到了我如何與她對話，陪伴她探討渴望，也談到孩子生病受傷，我是如何克制自己不去情緒勒索，仍然把職涯的決定權交在她手上。除此之外，我也談到為什麼書讀很好的人，經常在職場上會不適應。

女兒讀了《老子》以後跟我說：「媽，妳簡直就是用老子的思想在養我們。」事實上是我的父母先用老子哲學來教養我，我才能夠頂得住眾人對於我對孩子不打、不罵、不干涉，根本就是放縱的質疑，繼續用老子哲學來教養我的孩子。我從小不愛讀書，交男朋友、不務正業地玩耍、參加歌唱比賽，用自己的方式探索生命，最終，我找到了天命，找到了生命中的光。因此，我相信用老子哲學來教養孩子，他們也會找到他們生命中的光。

本書的第二部分講述了我如何運用老子哲學教養孩子，除了討論電玩沉溺和愛情的議題之外，也分析了兒子如何不靠學歷的職涯成功路徑。

完成這本書之際，孩子和我的關係改變了。他們進入了適婚年齡，而我也即將開始獨自一個人生活。轉銜階段向來是生命的危機，但也是轉機。本書的第三部分談到孩子長大之後，脫掉母親的外衣，我是如何看待自己的人生，而我又是用什麼心法讓自己身心安適。

教養子女這條路如同一幅卷軸，你沒辦法知道最終孩子會變成什麼樣子。在這個過程中，好多人會給你意見，孩子叛逆時，有人說你太寵孩子了，孩子受不了暴走時，又有人說你管太嚴了，你不知道自己到底做得對不對，也經常不斷地自我責怪。

身為已經度過青少年風暴的成年子女母親，我想告訴你：當你願意看這本書，你就是好父母了。你就像一艘航行在大海的船，孩子給你的挑戰有小風小浪，也有大風大浪。當你拿起這本書，就表示你正嘗試著讓自己變成一艘更有肚量的船，就算風浪大一些，也能夠乘風破浪前行。

優等高中、最高學府、咖啡店打工、上山刷廁所……
功課好的孩子，就沒有人生功課了嗎？
教養是雙向的，面對孩子遇上的困境，
讓我再一次學習「成長這門課」。

12 件事

孩子教我的事

學霸女兒與我的生活事件簿

事件
01

孩子總有一天會叛逆，只是早晚而已。

女兒在大學四年級時曾想過要參加高考，但她花在看手機和做菜的時間，反而是前所未有的多。我和兒子為此還「被迫」吃了許多用美善品所做卻完全媲美哈根達斯（Häagen-Dazs）的冰淇淋。說是被迫，全是因為當時我正在低醣飲食，偏偏又太好吃，才受不了誘惑，不爭氣地吃了很多。

事實上，女兒從小成績就很優秀，考試也是無往不利，但我看她準備高考卻老是心不在焉，感覺相當奇怪，就問她到底怎麼一回事。她告訴我，她對那些高考教材沒有任何感覺。我勸她，如果看教材看得那麼討厭，不妨休息一下去做自己想做的事。

女兒指著我面前的冰淇淋說：「這些就是我愛做的事啊！可是還是覺得很痛苦。」

我問：「為什麼？」

女兒說：「因為心裡一直覺得自己『應該』要去念那些書。雖然哥哥說，我不應該為了『應該』而去做一件事……」接著她講述了和哥哥之間的對話給我聽。

我說：「哥哥說得有道理啊！」

女兒說：「我知道，可是我做不到。」

於是我讓女兒坐下來，站在她背後，用一隻手壓住她的左肩說：「這個是妳『討厭的高考教材』。」

再用另一隻手壓住她的右肩說：「這個是『我應該要去讀書』的想法。」

最後，我還用膝蓋頂住她的背說：「這個是妳『我怎麼可以逃避』的自責。」然後問：「妳現在的感覺如何？」

在這三點的重壓下，女兒痛苦地大叫：「快下來啦！我快被妳壓死了。」

我說：「所以，這就是妳的感覺。快被壓死了。」

女兒問：「那如果我放棄高考，不再讀書會怎麼樣呢？」

我回答：「就像妳哥哥說的啊！反正妳畢業以後，媽媽就不會再給零用錢，有任何想吃的、想買的東西，都得自己去工作賺錢。但只要開始工作就會有各種可能性，妳可能發現原來我的真愛在這裡；也可能覺得我想回去考高考，無論事情如何發展，最終都能發現自己真正想要的。然而不管怎樣，都好過妳現在勉強自己讀書，讓我們吃妳帶著痛苦做出來的冰淇淋。」

傾聽心裡的聲音

在我和兒子的「開釋」下，沒兩天女兒就又打扮得漂漂亮亮，開開心心地上學去了。對於女兒突然「叛逆」不想念書這件事，我沒有任何的不悅，甚至還很樂於看見一直都乖乖讀書的女兒開始會反思，去問自己想要什麼、去傾聽自己內心的聲音。

我在學校提供大學生職涯諮詢時，看到好多大學生的興趣量表結果顯示著他們對任何事都不感興趣。明明孩子們在幼兒時期對什麼事情都興致勃勃的，這股熱情都到哪兒去了呢？可能這些孩子的一生，都是懵懵懂懂地依照規定、做著別人覺得他「應該」要做的事，而自己內心的聲音與渴望，早已被綑綁起來丟到牆角，久沒餵養後就變得奄奄一息了。很多大人都會對孩子說：「反正就是先考上，只要考上就海闊天空了。」但要知道這不是真的，這種做法只是把孩子的痛苦往後挪而已。

過去女兒按照社會期待一路順利地念了師大附中和台大，但她內心的聲音、她的渴望幾乎被「餓死」了。現在她的「異常行為」，不準備高考、樂此不疲地在廚房煮東西，只不過是回過頭做她早該做的事，也就是傾聽自己內心真正的想法、做自己真正想做的事，嘗試發現自己的興趣所在。

從小看著兒子、女兒長大的朋友，聽我說了這件事後感嘆道：「聽妳這麼一說，我似乎得對兒子、女兒交男女朋友的事解禁了。如果他們從未嘗試過相愛與相處，等到結婚以後才發現自己真正的聲音和喜歡時，那可就糟糕了。」

我哈哈大笑地說：「妳可真是舉一反三啊！」

事件02

自由選擇，不等於盲目放手。

女兒大學畢業前開始到星巴克打工，畢業後又跟我宣布：她打算去雪霸從事房務工作。我想她並不了解，當初她選擇去台大歷史系就讀時，我是費了多大的力氣擋在她和外公之間，避免外公為了她選擇一個沒辦法賺大錢的科系而狂念。現在她不僅是要去做和所學完全不相干的事而已，明明慢手慢腳，自己的房間永遠像是才被打劫過的樣子，為什麼要去當房務？為什麼選擇一個她能力無法做到的行業？

於是我問女兒：「**一個職業要能夠成功，通常得具備『職涯選擇金三角』**

的三個條件：興趣、能力、金錢。而妳上山當房務，完全不符合這三個要素，妳能告訴我為什麼會做這個選擇嗎？」

女兒說：「我知道對我來說，從事服務業很難生存，因為我的動作太慢，但我心裡卻一直有個聲音叫我去做。難道妳沒有過這種經驗嗎？明知不可為而為之？」

我說：「當然有啊，就像我嫁給妳爸爸之前，他想要當牧師，但我是佛教徒，佛教徒怎麼可能嫁給牧師？可是那時候我就很愛啊！所以就嫁了。雖然嫁了以後歷經很多事，家產蒸發、離婚、共親職等等，但如果沒有那個渴望的第一步，就不會有後續的挫敗，當然也不可能有後續的成長，那我也就沒有辦法像現在一樣，在大家有困擾時提出有建設性的意見。」

「還有就是去讀博士。當時外公、外婆都反對我出國讀書，我自己也知道，帶你們兩個出國可能會碰到很多不順利的事，但我還是毅然決然地去了。如果不是到國外生活孤立無援，以一打二，我不可能發展出那些輕鬆教養的技巧與原則，現在的我也沒辦法應付家長們提出來的各種問題。如果那時我選擇留在台灣，我的潛能就不可能被激發出來，你們也會因為被我照顧得好好的，長不出自己的力量。」

跟女兒講述完自己過去那些明知不可為而為之的例子後，我也察覺到，家長或許永遠沒辦法了解，孩子為什麼要去做那些看起來不划算的事。因為孩子也有他們自己不了解的渴望，也都一直在探索。

沒有人知道這個渴望會帶我們去到哪裡，但可以確定的是，無論成功或失敗，所有經歷過的過程都有其意義。而家長在過程中能扮演的角色，就是支持而已。

家長想要孩子平安順利，說穿了，就是想要自己內心平安罷了。但孩子當下的平安順利，極有可能是一種停滯或是未來的自掘墳墓，我們又何忍為了自己內心的平安，斷了他們的成長之路？

適合你的不見得適合孩子

同事一方說看我的文章就像在看劇，有次她還以追劇的心情緊張地問我：「最後你們家女兒做了什麼職業選擇？」

我跟她說：「目前她仍然決定要去雪霸從事房務工作，並以這樣的心情在準備中。」

一方露出驚訝的表情，問道：「妳女兒是可以去念研究所、出國工作的優秀人才，為什麼妳這麼看得開？」

我坦白跟她說：「其實我並非一開始就看得開。相反地，過去的我非常目標導向，我想怎樣就非得直直往前去，不會左顧右盼，也因此才能快速達到我對自己設定的人生目標。但隨著年紀漸長，我慢慢地把頭抬起來看向別處，視野也從單一目標擴展到四周，最終發現，人生就像一場旅行。那些我認為好的旅行方式與目的地，並不一定也適合我的孩子。好比有人說豪華歐洲團很好。它的確是很好，玩起來很爽也很舒服。可是這麼好的團還是會有人覺得沒意思，所有的事都有人安排得好好的，就是吃飽睡、睡飽吃而已。對有這種想法的人來說，或許得要去攀爬百岳，背上幾十公斤的行囊去山上冷個半死，甚至還要冒著可能死亡的風險，玩起來才會覺得過癮有意思。既然『好』是如此地主觀，不管兒女做什麼樣的選擇，其實也都是好的。」

一方又問：「這說來很容易，但萬一孩子摔死或是凍到重殘，該怎麼辦？」

我說：「從小，我就會放手讓孩子去嘗試、去跌倒，畢竟那時就算有事也算輕微，而我也會把握機會和他們討論嘗試的風險和跌倒後要如何復原。透過這樣的訓練，我對他們的選擇和應變非常有信心。萬一哪天真的出了意外，他們也能從意外中學會下次旅行要保守一點、計畫再縝密一點。**有意外其實也沒什麼不好的，起碼下一段的旅行，甚至是下一世的旅行，就會多了些經驗。**」

一方想了想，說：「但我還是不忍心看孩子受苦。」

我跟她說：「年過半百，也目睹過那麼多的死亡，自己去登百岳的人會走，參加歐洲豪華團的人終有一天也會走，不管選擇哪一種旅程，人生最終都會結束，那乾脆就照自己的意思去玩吧！要享受的去享受，要CP值高的就去追求CP值，要冒險的就去冒險。妳總不希望旅途走到一半，孩子怪妳說：『都是妳要我參加歐洲豪華團，害我不快樂』吧？所以與其幫孩子安排旅行，還不如讓他自己選，無論結局是好是壞，他都是心甘情願的，收穫也會更加深刻。」

讓兒女自由選擇，並非就是盲目地放手。畢竟他們從小就透過各種家庭互動與活動，培養出共通核心職能，讓他們無論走上哪一條路都用得到。所謂共通核心職能是指從事各種不同職業都需具備的能力，像是溝通表達、持續學習、人際互動、團隊合作、問題解決、創新、工作責任及紀律與資訊科技應用等。家長能做的就是培養孩子具備這些能力，至於他們要怎麼玩他們的人生，就得看個人自己的選擇了。

事件
03

終於，我也有理智斷線的一天。

女兒果真去雪霸當房務了！她上山後，就經常處於失聯狀態，逼得我只好天天追殺，口氣也越來越焦急。某天女兒好不容易回電，卻只跟我說：「我好累，我得睡覺。」她的聲音虛弱到無法成句，讓我很想衝上山，看看到底發生了什麼事。但我的行程太滿，一時無法成行，正想排除萬難抽空去雪霸時，又接到女兒的電話，這次她終於能完整地講上一通電話了。

原來是我的前夫也覺得擔心了，於是開車上山去看女兒。前夫是技術一流的推拿師，他用自己調製的紫雲膏，給女兒敷她那因為刷廁所刷到手破皮的傷口，幫她推拿、也幫她的同事推拿。幸好主管看到爸爸都來了，就允許女兒休假一天，她也才得以稍微喘息。

曾經的苦，終成價值

女兒跟我說，她現在勞動的強度，是過去在星巴克打工的數倍，被糾正的嚴厲度、次數也等比例增加。其實，她得去刷廁所這件事，是當初應徵房務工作時我就有想過的，但是，刷廁所刷到手破皮、痛到睡不著，那已經嚴重戳到我這做媽的軟肋，讓我完全失去理智，只想無所不用其極地勸她辭職下山。

為達目的，我曾跟女兒說：「或許發生這件事就是要妳學會放手啊！或許在挑戰妳的自尊心啊！就算妳半途而廢，被笑台大的果然不能用，那也很好啊！」甚至我還對她大叫：「叫妳爸來聽電話，我要叫他把妳押下山！」但無論我如何好說歹說、威脅利誘，女兒依然平和而堅定地告訴我：「我知道妳很擔心，其實我也很想辭職，但是我還是想要考慮清楚後再做決定。」

回想女兒以前在台大圖書館打工是多麼地自在啊！可以穿得美美的，也賺得不少，和蹲在地上刷廁所、刷到手破的工作實在是天差地遠。我刻意傳了網友留言給女兒看：「您好，冒昧請問，令嬡之前是否在星巴克台北機捷店上班？以前我在那附近工作，午休時間經常去那裡小憩。幾次見到令嬡，都令人印象深刻。有禮貌、氣質出眾、服務周到、工作認真，感謝她的優質服務，讓我有個愉悅、放鬆的午休時光。祝福她的新工作一切順利，勝任愉快。」我希望這則留言能提醒她至少要善用自己的長處，但女兒還是回說：「我不確定……還在想Orz。」

跟我弟弟談起女兒的事，他滿臉悲憫地看著我說：「妳終於打破過去的原則，不只給建議，現在還會威脅。」

我無奈地回答：「但就如我所主張的，威脅利誘根本沒用。唉……」

眼見一手訓練出來的女兒，篤信我的指導，力行「任何人都沒有辦法為他人的人生負責」的教誨，力抗我的威脅利誘，我一則以喜，一則以憂。我憂心她的身體，但歡喜她終於允許自己犯錯、允許自己犯蠢、允許自己嘗試、允許自己失敗、允許自己去做低投資報酬率的事。

我自己何嘗不是受益於這樣的允許呢？我的父母允許我學業成績墊底，允許我在黑道開的西餐廳唱歌跑場子（因而見過槍擊命案、被流氓騷擾），允許我離婚一個人帶大兩個小孩。如果不是他們允許我受苦，或許我永遠不會了解人生的苦，也不會了解要怎麼離苦得樂。這些苦在當下看來可能沒有任何意義，我的父母大可以強行介入拿走，但這些苦總會在生命的某個時刻，突然變得有價值起來，也許是讓忍受能力變強了，也可能自此遇到再大的災難也能處變不驚。

想到這裡，我的理智線又接了起來。不管孩子做什麼決定都是好的，因此我決定尊重她受苦的權利。**當一個人願意受苦，從受苦中得到意義，那這個苦就不只是苦，而是資糧。即使是非自願受苦，這些所受的苦最終會以某種方式利益自己**。只要不是致命或不可逆轉的傷害，那我還有什麼好阻攔的呢？看孩子受苦，或許是家長的罩門與軟肋，卻也是我們必須要忍心的一門課。

把畫筆還給孩子

才告訴自己要忍心，事情的發展還是會高潮迭起，一次又一次地挑戰我的信念。有一次女兒收假回雪霸前，我們去吃了一頓豐盛的火鍋大餐，並且把照片張貼到社群媒體。朋友看了照片打電話給我：「妳女兒的手很有可能得了蜂窩性組織炎喔。」電話這頭還說著這件事，女兒正巧也走進我房裡說：「媽，我的手好像得了蜂窩性組織炎。」

原本還以為聽錯了，但仔細一看，女兒手上的傷口真的化膿了。我立刻帶她去醫院診斷，果然是蜂窩性組織炎。

從醫院回到家已經大半夜，大家都累了，睡前我只跟女兒說：「媽媽對妳最大的期待，就是平安健康而已。最近幾年我才開始體會到，人類總是不斷地在渴望與安全中求平衡，也是從那時候開始，我對自己做事最高的指導原則就是『Do no harm』，盡量不去傷害別人，也不傷害自己。」

接著我又說：「雖然妳是從我肚子裡生出來的，但妳是獨立的生命個體，必須為自己的生命做決定。以上只是我的經驗，給妳做參考。」

我曾經想過用情緒勒索的方式強迫女兒辭職，甚至一度想打電話給她的老闆抗議，我絕不讓女兒回去工作。但我想到，那些我曾經看過的極限運動員紀錄片，片中他們的家長、配偶，是如此地支持與祝福，即使那是很危險的運動。我會試著去想，為什麼他們願意允許自己的小孩、配偶做這麼危險的事？

最終我想到，**生命是一張空白的支票、一張空白的圖畫紙，只有擁有那張支票和畫紙的人，才有權決定要怎麼去填滿它。而我們這些在身邊的人，能夠做的就是分享經驗、提醒和祝福而已。**至於子女要不要參考，那就得看我們自己有沒有以身作則，還有彼此的親子關係與孩子如何權衡他自己的渴望與安全。

如果我們越俎代庖，只丟給孩子一句「我是為了你好」，就拿走他原本該負的責任，剝奪他的痛苦、他的成長機會、他的喜悅，最後就算孩子毫髮無傷，彼此又還剩下什麼呢？

事件

04

就讓挫折磨掉稜角。

女兒從小學開始學業成績就名列前茅，又一路從附中讀到台大歷史系。大學畢業前，她突然決定要到星巴克工作。全人發展向來是我的理念，女兒想發展學業以外的能力我自是全力支持，但她的決定，讓親戚朋友一時難以理解。有些朋友知道我是尊重孩子的人，想要表達對我女兒決定的疑慮，又怕被我咬，就私下問女兒，是不是覺得畢業後會走投無路？也有人想介紹工作給她，但女兒說：「謝謝！我並不是走投無路，而是一種渴望。」

在星巴克工作得差不多了以後，女兒又有了新的渴望。這回她把層級升高，不僅挑戰她自己，也挑戰了我的底線——去雪霸當房務員，是負責打掃房間、廁所的房務員，而不是需要講英日文、打扮得美美的櫃檯人員。她去應徵後，旅館老闆還打電話來再三確認：「妳確定嗎？妳確定？」大概講了二十分鐘「妳確定嗎？」女兒始終很堅決地表示她「很確定」。

這次女兒從雪霸休假回家，剛好堂哥一家人來吃飯，大伙兒和女兒聊起她在山上的工作經驗。聽著聽著，我們似乎也開始能夠了解女兒的處境，以及為什麼她會做得這麼累？為什麼她的手會受傷？這一切或許得從她成長的過程說起。

適時改變生存法則

台灣升學考試的考題多半是選擇題，答案不是對就是錯。所謂答「對」，就是答出握有掌控成績的權力者所要的答案。女兒之所以能在這樣的升學制度下不斷勝出，就是因為能夠成功地揣摩上意，也願意去反覆思考出最完美的答案。

然而這個追求完美的思維模式，若是原封不動移植到職場去，就會累死自己。譬如主管說掃廁所共有十個步驟，你如果真的全部照做，那肯定來不及在時間內完成。我堂哥在業界訓練過很多的工作人員，聽到女兒講述她的工作模式、了解她工作的問題後，就建議女兒「先求有，再求好」即可。

所謂「先求有，再求好」是什麼意思呢？就是先把客人會注意到的東西弄好就好，不用事事都要求到最完美，也就是說不需要把每個步驟都絲毫不差地完成。

但這種觀念卻完全挑戰到女兒心底的界線，她認為：「這是什麼意思？意思是要我打馬虎嗎？打馬虎眼是對的嗎？」女兒想法的養成和台灣的升學體制有關，在這個體制下，打馬虎不會得到滿級分，沒辦法上最頂尖的學校，也會導致學生沒有機會去觀察、做選擇，沒有機會學習什麼是最重要的，什麼是可以暫時放棄的。

女兒帶著這個在升學體制下被充分內化的完美原則進入職場工作後，開始四處碰壁。好比老闆規定她在一定時間內要打掃完七十間廁所，若她想完美執行打掃廁所的十步驟，肯定是掃不完，所以最後就是只能完美地掃好一間，其他的六十九間還是維持原樣。過去有用的生存法則換到另一個場域就行不通了，這意味著我女兒必須做出修正，否則無法生存。

另一個問題是，女兒工作不戴手套，一度因此得了蜂窩性組織炎。為什麼她工作不戴手套？這又和女兒老是被人稱讚的「善體人意」有關。女兒向來注意團體內其他成員的行為舉止，想要跟大家一樣，也會盡可能去模仿、去融入。所以人家不戴手套，她就不戴手套。像她這樣在團體中被大家喜愛的人，也是會把自己想法消音的人，到頭來，她總是會為了想跟人家一樣而付出代價。

其實女兒也知道，這是她接下來必須要面對的議題。然而，維持了那麼多年從眾的習慣，很難一下子就改過來。關於這點，我不想用情緒去勒索她，說「妳欺負我女兒」來逼她就範；即使這麼做能夠得逞，也不過是女兒又回過頭來討好我罷了。後來我想，倒不如就讓蜂窩性組織炎去激發她的生存本能，讓她願意和人不一樣吧！

人生所有歷程都是好的

說了女兒的這些故事，你以為我要說台灣的升學制度出了什麼問題嗎？喔，不不不。我要表達的是，無論發生什麼事其實都是好的。就讓我再用兒子的例子來解釋，為什麼我會這樣說。

兒子有著和女兒完全不同的性格。我們住在加拿大魁北克時，就常接到學校老師抱怨說兒子「太驕傲了」。現在回想起來，原因應該是我兒子太有主見，常把老師氣個半死。

兒子的成長軌跡和女兒可以說是完全相反。他從不接受馴服，上課睡覺、逃學，遇到他覺得認真的老師才會專心，覺得不認真的老師他就沒在聽，完全以追求他自身最大的福祉（意思就是自己爽）為原則。所以在求學的過程中讓我和老師很頭痛，他自己也跌跌撞撞得滿身是傷。但十幾年下來，原本有稜有角的他已經被磨得圓融，可以在堅持己見下與老闆協商，達到雙贏的局面，所以他現在的工作很順利。

我不是說哪種成長歷程才是正確的，重點是要願意去接受挑戰、痛苦，願意去學習成長。我自己在求學階段也曾上演過同樣的戲碼，我小時候不愛讀書，也曾讓爸媽很頭痛。而我的哥哥從建中、醫學院畢業到當醫師，一直以來都很平順，卻在成人以後才開始憂鬱、不開心，最後還是讓我爸媽頭痛。

幸好哥哥跟我都沒有放棄希望與學習成長的機會。我從凡事都是追求「我爽」的原則，到願意符合學術界的完美規範，發表個文章連標點符號都不可有錯；哥哥則是從追求完美到現在不受任何拘束，做任何事都是為了一個「爽」字。

人生的路我從這邊過去，你從那邊過來，無論怎麼走，只要有在省思、成長，願意讓生命更完整，最後都會是一樣的好。唯有不斷經歷挑戰、痛苦，願意學習成長，我們的生命才會更加完整。接下來無論命運給了什麼樣的挑戰，我們都能夠更自在、處事更加圓融。

事件
05

和孩子相伴而不共生。

晚上十一點，女兒突然從雪霸傳訊息來：「媽媽，我胃好痛，好害怕自己會不會就這樣死掉了。妳可以開視訊陪我嗎？」我立刻打開電腦上網視訊，陪著她吃藥、用磁力貼貼胃經，就算安頓好了以後，還是一直開著視訊繼續和她作伴。

女兒說：「一個人在異地生活過後就很佩服媽媽，當初怎麼能一個人帶兩個小孩去加拿大生活。那時候的妳，不害怕嗎？」

我告訴她：「我們在加拿大生活的那三年，每天我的心情都在備戰狀態，腎上腺素狂飆，根本沒有恐懼的時間。一直到回台灣在新竹教書那幾年，才開始有些恐懼，想趕快在台北找到工作，可以離阿公、阿嬤、舅舅、舅媽近一點。所以我確實是會害怕的。」

女兒接著問：「那我離開這麼遠，妳沒問題嗎？會讓妳沒有安全感嗎？」

我回答：「沒問題的！其實我很少會想到妳，除非妳很不舒服的時候，我才會掛心。」

女兒鬆了口氣說：「嗯，我也是。我也很少想到妳，好像只有生病的時候才會想起媽媽。」

我說：「這幾年阿公和 milo[1] 相繼離世，妳又離家，我才發現一個有趣的現象。像是 milo 的離開，我大概只有不習慣個一兩天而已；阿公過世後，我反而和阿嬤、舅舅、舅媽更常談起他的趣事，一點悲傷的氣氛都沒有。**兩個人的關係若不是得靠彼此來圓滿、非得要對方才活得下去的那種，分開時**

1 作者家中豢養的寵物犬。

也就比較不會有過度的撕裂感與悲傷，而是能夠為對方步入下一個人生旅程感到開心。」

女兒好奇地問：「就像妳的成就感不是來自於照顧我和哥哥，所以當我離家時，妳能夠祝福我，而不是感覺到寂寞與難過，對嗎？妳的意思是，當一個人能夠獨立自主、不依賴他人，他就不需要家人和伴侶，是這樣嗎？」

我回答：「我還是需要家人啊！人總是會有脆弱的時候。就像妳胃痛時需要媽媽開視訊來陪妳，我也是要住得離阿嬤、舅舅、舅媽他們很近才會安心。但這種陪伴所帶來的安心，和沒有誰就活不下去的依賴共生不一樣。」

女兒點點頭說：「的確不一樣。像我和我男朋友的關係，一向是各自獨立又能彼此陪伴。雖然最近他在京都展開新生活，我們也必須分隔兩地，但藉由彼此交換分享新生活的種種，我們之間的關係甚至變得比以前更好。」

我做了個總結說：「看來**人與人之間的關係，如果能夠獨立而不依賴、陪伴而不共生，分離就不會讓人太失落，而是得到一個更豐富的經驗。**」

我跟女兒就這樣一直開著視訊，躺在各自的床上聊天。有時候靜靜的，什麼話都沒說，有時候兒子也會過來聊個幾句。

大概過了一個半小時，女兒說：「我現在覺得胃不痛了，可以放妳去睡覺了。」

我說：「太好了。晚安。」

在孩子為自己負責任時陪伴和支持

有時候孩子們要的僅僅是相伴而已。記得有一次和同樣在大學任教的朋友聊天，朋友說自己有「菩薩病」，覺得自己好像有責任，要讓周遭所有的人都平安才行。我回應她說，其實許多媽媽或從事助人工作的社工師、心理諮商師、醫師，都有這種「菩薩病」。這個病會讓自己如同身處在流沙中，不知不覺越陷越深，還會有強烈的無力與耗竭感。

回家後跟女兒談起「菩薩病」這個話題，女兒說：「媽媽，我保證妳絕對沒有這種病。」她說我有一道很清楚的界線，絕對不會讓自己被其他人拉下去。因為對我來說，你是你，我是我，你對你自己負責，我對我自己負責。

女兒表示她之所以會這麼篤定是因為，在某一次的聊天，她提了個假設性狀況：「如果我未婚懷孕，媽媽會怎麼說？」

我說：「就看妳怎麼決定。」

女兒質疑：「為什麼是看我的決定？」

我回答：「妳有妳的身體自主權，當然是由妳決定。況且，孩子生下來也是妳要養，當然是妳決定。」

女兒賭氣說：「妳不幫我嗎？」

我說：「這是妳的決定，不是我的決定，我不認為我應該為妳的決定負責任。」

我的回答讓女兒氣了好久，她說我的邏輯聽起來沒有錯，但那種幾近無情的冷酷態度讓她很生氣。不過我卻丈二金剛摸不著頭腦，完全不曉得自己講錯了什麼。只是她真的很生氣，而且氣了好幾天。

後來我試著問她：「要不然，妳希望我怎麼說？」

女兒說：「妳就是不能丟下我，讓我一個人孤零零的。」

我反問她：「那如果我說會陪妳一起度過難關、一起討論，可是我還是會繼續工作，也不會幫妳帶小孩，這樣可以嗎？」

女兒回答：「如果我決定要生，就一定會自己養，我要的只是在我軟弱、站不起來的時候，能夠得到妳的支持。」

我這才恍然大悟，原來女兒要的只是我的陪伴和支持而已。

我趕緊說：「那我重來一次。如果妳決定要把孩子生下來，我一定會全力支持妳，也會陪伴在妳身邊。」這個回答才讓女兒把以為我冷酷的心結打開。

其實，**身體是自己的，決定也是自己的，在為自己的身體和決定負責時，無論苦不苦，人都會長智慧。沒有人有權力為他人的身體做決定，也沒有人該把別人的決定權拿走。**讓當事人免於災難或受苦，同時也剝奪了他成長的機會，而且代替他人扛起責任的人，多半也會淪於拚命在為他人補洞、幫別人的決定善後而已。除此之外，當事人也極有可能因為總是能獲得援助，而無法感受到自己決定後所產出的惡果，於是繼續挖更多的洞，開啟無限的惡性循環。

不能否認的，人們的決定會受到情感、賀爾蒙、心智成熟度，還有社會框架所左右，這也是為什麼法律會要求家長對未成年的孩子負起連帶責任。但這不代表家長得為孩子所有的決定負責，因為那絕對只會害了孩子。

我們的目的，是讓孩子擁有能自己負責任的能力，所以**家長應該是像搭鷹架般，適當地放手讓孩子自己做決定。在過程中不斷拋出問題，除了引發孩子動腦思考外，也要給予陪伴和支持，讓他不會感到孤單。**

事件
06

沒有恐懼的教育。

女兒在雪霸的工作越來越順利，雖然一開始主管會用罵的方式來訓練她，但不曉得為什麼後來主管就不再罵了，而是像搭鷹架般按部就班地教導。沒想到的是女兒先前被罵的經驗，竟然讓她對不罵、不羞辱就不會有進步的觀念，產生了認同感。

女兒跟我說：「我在媽媽的教育下長大，從來沒有被打罵過，這當然是一件好事。但是我發現，被罵的時候我的工作速度變快了，現在主管不罵人了，我反而慢下來。所以有沒有可能，人還是要被罵、被打、被羞辱，才會發揮潛力呢？」

我跟她說：「讓我們來想像一下。如果妳是因為怕被罵，才卯足勁死命地刷，這種爆發力妳想能夠維持多久？無論是體力或是免疫系統上？」

女兒說：「我不知道，要是真的已經筋疲力盡的話，我想就算主管繼續開罵，我也快不了。最後極可能會覺得反正做不到，不如就倒下來不動了。」

雖然如此，女兒還是感到疑惑，又問：「可是，有沒有可能真的是因為被罵，我的潛力才被激發出來，動作快了起來呢？」

我回答：「也是有可能。但讓我們繼續想像，當主管發現用罵的、用威脅的、叫妳滾蛋這套很有用，並且運用在所有員工身上時，會引發什麼樣的情緒反應？妳會快樂嗎？妳還會喜歡妳的同事嗎？妳還會有餘力抬頭看看大自然嗎？妳的人生除了刷廁所，還會有別的事嗎？最後，妳還會願意留在那邊工作嗎？辱罵或許可以快速達到目標，但同時也失去員工的向心力、創造力、留任率等等比速度更重要的東西。」

我提供女兒其他的可能性：「主管不再罵妳，會不會是因為他發現，不用責罵，妳也會主動把事情做好？有沒有一種可能，妳的自動自發是來自於我從不用打罵、威脅的方式來教育妳？會不會是因為這樣，才讓妳養成為了渴望而做事的好習慣呢？」

眼光放遠，不求近利

女兒認同威脅教育這件事讓我驚覺，短期效果有多麼吸引人，讓人甘願去忽視這個方法可能在長期上造成破壞。就如同塑膠袋一樣，短期來說使用很方便，但長期卻會造成全人類難以承受的環境惡果。不過這也提醒我，教育未來的老師與家長「除了打罵還有更棒的方法」，有多麼重要。

當過醫院的社工員，我知道沒有健康的身體等於什麼都沒有；當過教務長祕書、大學的國際交流主管，我看過最聰明的人迅速爬到頂峰後接續而來的失落感；我經歷過從經濟無虞，到需要靠朋友善心捐款才能完成碩、博士的窘境，讓我知道名聲、錢與權力稍縱即逝，而且隨時可能反撲。以上種種原因使得我對追逐名利的慾望很低，過分重視身心安適，因此常常對推動「除了打罵還有更棒的方法」顯得怠惰。

幸好每當我的動力消失之前，就會發生事情來提醒我，推動「沒有恐懼的教育」是多重要的一件事。這次除了女兒的迷惘外，我的學生妮妮也寫了封很長的信，訴說她是如何被爸爸打到全身是血，媽媽卻還在旁邊勉勵她：「忍耐，再忍一下，他打完就好了。」這一切都在督促著我要繼續奮鬥。

感謝我的女兒、我的學生妮妮，還有來上我課的未來老師們，是你們激勵我再接再厲，一定要持續推動「沒有恐懼的教育」。

事件
07

放棄不可恥還很有用。

女兒在工作上的好姐妹，因為受不了公司打掃速度的要求而離職了。全家人一個個趁機卯起來說服她：「妳看，連她都受不了離職了，這證明不是妳有問題，而是做這份工作真的需要動作很快。不然誰能在短短幾分鐘內就刷好浴室、馬桶，還得擦乾所有有水珠的地方？」

不過女兒還是選擇忽略這些建言，不斷鞭策自己硬撐下去，所以她的手總是傷痕累累，就連胃痛也成了日常。周遭所有愛她的人都無法了解，為什麼她要這樣殘害自己的身體與心理？明明已經有這麼多人離職，她怎麼就不會想說不是自己有問題，而是這份工作根本不適合她？

終於有一天等到了女兒跟我說：「欸，好像真的不是我有問題耶。」

聽到這句話，我心裡的第一個感覺是：「撒花！瞎子終於看見了！」卻也不禁好奇，她是怎麼看見這個早就擺在眼前、但只有她本人還不知道的事實。詢問之下才知道，原來是又有另外一位夥伴也因為趕不上速度的要求決定遞辭呈。

這件事不免讓我去思索，為什麼女兒會這麼死心眼，無視顯而易見的事實不肯放棄？後來我想起自己三十來歲時的一個經驗。

當時我有一群工作上的好姐妹，其中一位很會用語言咬人，常常聊著聊著就冷不防被她咬一口，而且完全不知道自己是哪裡惹毛她。我不斷地反省、小心翼翼，同時也提醒自己不能放棄她，畢竟她曾為姐妹們兩肋插刀，只差沒出去和人幹架……喔，不，只差沒肢體衝突而已。所有找我們麻煩的人，都怕被她死咬不放，再也不敢來找麻煩。因為對她心懷感激，所以姐妹淘的聚會只要她覺得被排擠不想參加時，我總會好言好語地勸她加入。何況我覺得她不是壞人，我該做的是努力讓她開心，不要讓她有任何機會去咬人。

勇於向「對」的價值說再見

然而有一天，姐妹們打算瞞著她召開祕密會議，還警告我千萬不能帶她參加。會議中，姐妹們相當嚴肅地要我別再試著讓她融入全體，否則只會讓大家受傷。姐妹們輪番說著被咬的經驗，聽得我有如五雷轟頂，畢竟我是出於好意才拉著她加入，而且我們不是應該報答人家的恩惠嗎？原本我還說得理直氣壯，直到有人說得聲淚俱下後，我才意識到問題的嚴重性。

一位姐妹說：「拜託妳不要再揪她來了。咬人是她的天性，就算妳沒辦法阻止她，至少也不要帶她來咬大家。試想今天路上有一隻會瘋狂咬人的狗，妳到底是要用愛心感化牠，還是要繞路走不去惹牠？」

當下我不知道這位姐妹的邏輯對不對，但那時候的我確實和女兒一樣，別人覺得顯而易見的事實，我卻一直看不見。也是在那個時候我才意識到，必須要把會咬人的她給放下，不能再讓大家受傷了。

女兒是我生的，無論是基因或是透過身教的潛移默化，她終究是像我的。之所以會看不到一些顯而易見的事，或許是因為某些做人處事的標準曾經成功地引導過我們，讓我們總是戴上那副標準眼鏡在看世界。就像「努力不懈」，曾讓我獲得事業與人際關係的成功，也讓女兒的學業成績名列前茅，但我們卻沒能發現，「努力不懈」同時也正在破壞我們的人際關係與健康。

或許這些曾經的「好經驗」實在太過美好，好到令人難以忘懷，好到讓我們看不見事實，非得等到狀況已經糟到不行、危及了人際關係與身心健康後，才甘願摘下標準眼鏡，向那些我們認為對的價值觀說再見。

所以，努力不懈，再見了。

忠誠對待於己有恩的人，再見了。

雖然你們曾經對我有很大的幫助，但是，再見了。

放下曾經讓你成功或被世人稱頌的好價值不可恥，而且有用。

事件
08

離開舒適圈，拓展生命的可能。

幾經思考過後，女兒終於決定結束雪霸的工作，但開始質疑為什麼自己會重複同樣的失敗模式，對自己感到失望。

女兒曾在大三那年陷入憂鬱[2]。那時學校教授邀她和幾個同學發表論文，她事後回想說：「當時我很渴望自己能像老師、媽媽那樣厲害，就接受了

2 由於我曾經在精神疾病領域擔任過社會工作者，因此對於憂鬱症有敏感度。在我覺察到女兒有這個傾向，還沒演化成憂鬱症的時候就引介女兒去接受正念訓練。正念認知療法對於憂鬱症的預防有臨床上的顯著功效，女兒蒙受其利，始終未達到需要就醫的程度。

挑戰。但老師一直要求我要有觀點，改了好幾次他就是不滿意。雖然我每天熬夜拚命努力，希望達到老師的要求，但最後卻因為體力耗竭沒辦法去上課。身體太累心情也不好，情緒崩潰到天天都想死。」

也是在那個時候，女兒對自己的能力徹底失去信心，於是有了去星巴克工作的渴望。雖然星巴克的顧客都很喜歡她，但因為這份工作要求快速，超過女兒的體力負擔，最後身體撐不下去，心裡更是痛苦，所以她決定辭職改去雪霸做房務。

沒想到這次更慘，房務工作雖然不用直接面對客人，卻也不會有來自客人的正面回饋，加上她本來就不是速度快的人，所以打掃動作一直快不起來，還常把雙手搞得傷痕累累，胃也出了毛病。這次她決心辭職的原因，就是她又開始覺得活著很痛苦，警覺到自己的憂鬱狀態可能快要發作。

女兒說：「我覺得自己一直在重複同樣的破壞性模式。每次都是心裡有個渴望推著我走，不跟著走我會很痛苦，但渴望卻一次又一次地帶我經歷崩潰。我不知道這次離職以後，還能不能相信內心的渴望？」

透過覺察認識自己

雖然女兒對自己失去信心，我卻從中看到不同的解讀。我告訴她：「其實妳很厲害，可以注意到這幾次經歷的重複性。每次妳都是先嘗試，發現應付不來，努力、再努力還是做不到，最後崩潰、放棄。但除了妳說的破壞性模式外，我還看到了另一個模式——渴望正在帶著妳探索，想要幫妳找到最合適的職涯發展呢！」

「妳有沒有想過，或許是因為妳的學業成績不錯，也曾覺得教授的工作令妳嚮往，所以有了想朝學術發展的渴望。但嘗試後妳發現，好吧，學術走不通，那去試試沒有做過的服務業吧？妳做服務業可以讓顧客滿意，但動作就是不夠快，為了克服這個障礙，妳的內心又把想要克服障礙的念頭化為渴望，領著妳去到像軍隊般的魔鬼訓練場，去雪霸做房務工作，結果搞到自己的身體受不了。或許妳覺得渴望老是帶錯路，但仔細想想，妳在過程中有沒有學到什麼？」

女兒說：「我可以把顧客服務做好，但我不適合勞動與創意的工作。」

我又問：「如果沒有這些過程，妳覺得自己會知道這些嗎？」

女兒回答：「不會。」

我說：「所以不是妳的渴望有問題，而是妳認為渴望應該帶妳去一個幸福、快樂的地方，當妳發現結果不是這樣的時候，就會以為問題出在『渴望』本身。但我對渴望的了解是，渴望反映內心想要的完整，它會帶妳去探索、帶妳去認識自己，但不保證帶妳走向成功。妳不會只是因為渴望就有錢、有地位，但渴望絕對可以推著妳朝目標前進。」

女兒又說：「但渴望總是咬著我不放，每次都要把我弄到崩潰，到最後只能放手，讓我對自己非常失望。」

我說：「然而我卻看見，妳的覺察力變得越來越好。第一次教授邀妳寫論文，妳身體崩潰、心理崩潰，引發憂鬱狀態後不得不放棄；第二次在星巴克，妳也是在身體崩潰、心理崩潰之後放手。但這次在雪霸，雖然妳的身體崩潰，卻因為覺察心理有一絲要崩潰的徵兆就馬上放手。妳能說妳沒有進步嗎？很多人一次又一次地跟從渴望的牽引，卻沒能像妳一樣覺察到自己正在重複著破壞性的模式，即使覺察到了也不願放手。所以妳能夠覺察到，並且勇於放手，讓媽媽十分引以為榮。」

最後女兒說：「雖然勞動工作讓我有一種平靜的感覺，但我不會再選擇有時間壓力的勞動工作了。」

渴望不保證可以帶著你走向成功，人也不見得會因渴望而有錢、有地位、過上舒服的生活。**但在不危及身心健康與社會底線之下，渴望卻可以帶你去探索，讓你更認識自己，推著你離開舒適圈去擴展生命的可能性。**

至於會危及自己或他人的渴望，或許可以透過專業諮詢去覺察起源，也可透過正念訓練與其共處，而不付諸行動。我很希望能一言以蔽之地分享該怎麼做，然而這需要透過專業的諮詢、正念訓練與每日的覺察、省思與練習才能做到，非一蹴可幾，有時甚至是一生的功課。

事件 09

學習與渴望共存。

在意識到自己的憂鬱狀態可能復發後，女兒斷然請辭雪霸的工作下山回家。而她回家後的身體狀況，我只能用「慘不忍睹」來形容，除了滿手是傷，腰部也有一道疤痕。據說是她體力不足以應付工作強度、注意力無法集中，東撞西撞留下來的。

昨天她突然又閃過一個想去西藏修行的念頭，幸好她很快就意識到自己沒有可以修苦行的身體，加上想去的渴望也不強烈，沒多久就能打消念頭，改稱在家修行也可以。聽起來，我得再跟她談談「渴望」的議題，免得她又隨著渴望而去。

於是我和女兒討論，如何判斷「該不該跟著渴望行動」這件事。首先我們以「這個渴望是內心想要成長所引起，或純粹是私慾蠢蠢欲動」來判斷到底該不該跟著行動。譬如，我會愛上這個人，是因為內心想要成長，還是私慾蠢蠢欲動？或者，我想要賺很多的錢，是因為內心想要成長，還是私慾蠢蠢欲動？

我們舉了很多例子來辯證，卻發現僅以二分法來分辨是不夠的，畢竟有太多的狀況是二者皆有的灰色地帶。更何況，以「內心想要成長」為名的行動，難道就完全沒有問題嗎？

以女兒到雪霸嘗試用勞動來擴展自己的經驗為例，這個渴望絕對是想讓自我成長，與私慾無關，既然是為了自我成長，難道就該理所當然地付諸行動嗎？以她當時的身體條件，冒然到雪霸當房務員，就像一個連爬台北象山都會喘的人，卻要去攀登百岳一樣，因此也不能僅用二分法來分辨。

那究竟還有什麼標準來判斷呢？

靜心看渴望來去

以我自己為例，我會依照當下狀況與對自己的了解，做出當下最好的決定，盡量不傷及無辜，也不傷害到自己。但要怎麼知道會不會傷到自己、傷到他人呢？很弔詭的是，我的確是在傷到自己、傷及無辜之後，才對自己有了更進一步的認識。

所以我跟女兒說，我認為她這次去雪霸是一次成功的經驗。如果她沒順從渴望去試，永遠不會知道自己的能耐在哪裡。但如果你都還沒行動，就已經可以判斷，依照渴望而行會讓自己處於不可逆轉的危險，又或者會讓他人為你的渴望付出非自願性的代價，那你就只能選擇與渴望同在，而不付諸行動。

女兒說渴望趕不走，被它齧著心是件很痛苦的事，若不付諸行動會心神不寧，沒辦法好好做事。為此，我以正念認知療法的概念，來告訴她如何面對渴望、如何面對心動但不行動。

我說好比食慾與性慾，是人類最原始且強大的慾望。順從食慾與性慾，可以餵飽身體、生養眾多。但沒有理性判斷、明知不可為而為之的縱慾，卻會讓自己與他人的身心都受到重創。所以面對渴望的醬心，我們可以去覺察它的存在，清楚地知道，啊，食慾在那裡、性慾在那裡、愛慾在那裡。面對慾望，我們不用去趕走它，也不用刻意做些什麼，就只是靜靜地看著它、陪伴它，與它同在就好了。

有趣的是，這些慾念會隨著時間不知不覺地走了。

你曾經有過暗戀一個人，卻沒有付諸行動的經驗嗎？是不是在忙著忙著之間就把他給忘了？好幾年後再看到他，嚇了一大跳，因為愛戀的感覺不僅不見了，甚至還懷疑自己當初怎麼會瞎了眼、怎會對他有那麼狂熱的執念？

所以**面對這些來來去去的渴望，我們只要靜靜地看著它、了解它、陪伴它就好了**。什麼都不用做。

事件10

人生暫停一下又何妨？

女兒從雪霸鎩羽而歸後，終於下定決心進軍高考。

但是我卻發現，她的桌上除了目前兼職公司的資料外，就是《大人的數學》這類和高考毫無相關的書。擔心女兒沒用心在準備考試，我猶豫該不該直接開口問。

然而我又想到，女兒除了仍然借住我家，會蹭一點冰箱裡的食物外，其實也沒跟我要什麼生活費，是不是就別問了？畢竟我跟孩子說過，只要能養活自己、不傷害別人，不管他們做什麼都可以，不是嗎？

想通之後，我就真的勒住了舌頭，開開心心地過自己的生活，不再去想她在做什麼。要是有人問起「妳女兒有在上班嗎？有在準備高考嗎？」我一概都回答「有！有！有！」這樣就可以讓問的人不擔憂，也省去我被叨念一頓的麻煩。

然而有一天，女兒卻突然跟我說：「沒想到活到這個年紀，才知道世界原來這麼好玩、人生這麼幸福。」這種話從女兒口中說出，對我來說可是新鮮事，畢竟這傢伙曾經覺得人生太痛苦，一度憂鬱到不行。

忍不住問女兒為什麼，她告訴我：「過去看到文學作品我就頭痛，覺得光讀學校的書就飽到要吐了，哪有閒情去欣賞風花雪月；以前看到數學就害怕得發抖，竟然還聽到有人說數學很美，我完全不能理解數學和美究竟有什麼關係。」

「但現在不一樣了。」女兒繼續說：「現在我可以從圖書館借任何我想看的書，毫無顧忌地享受知識之美，以至於我那曾經被搞壞的閱讀胃口終於回來了！因為這樣，現在看到數學公式，理解它是如何被推導出來的時候，我才驚覺，原來數學真的好美！我想，每個人都應該要有一段空白的時間，不為什麼偉大的志向而活，只為探索生命中有趣的事物，最後才能發現生命之美。」

放空自己，不自我設限

聽女兒這麼說，我忽然有一種被理解的感覺。我告訴她：「其實媽媽曾經也有過一段不為什麼而活的空白歲月。大學時我的成績優秀，但畢業後沒多久就結婚、生小孩，沒有繼續念研究所，師長們覺得我怎會如此不思上進。可是現在回想起來，那段不需『勵志向上』的日子，卻是我一生中最快樂、最充實的時光。」

當時的我就像個無底洞，無論什麼人、事、物來到我面前，我一概照單全收，不為任何目的，也沒有任何邏輯，只要是好奇、覺得好玩的東西，我都願意嘗試。好比，問我能不能翻譯書給精神病患與家屬看？我說ok！問我能不能帶身障的朋友去看電腦展？我也說ok！老公每週的團契聚會想在家裡舉辦？當然ok！非會計出身的我去幫老師核銷經費？還是ok！去當教務長的祕書？ok！ok！只要是來到我面前的，通通ok！

直到有天，這個無底洞滿到一個爆炸的臨界點，讓我突然瘋狂地渴望出國去深造。沒有人了解這個瘋狂的念頭從哪裡來，就連我自己也不了解，純粹就是洞滿到爆炸後，一個完全沒有想像過、嘗試過的人生目標，就這麼莫名其妙地出現了！

現在回想起來，如果不是當初那段沒有特定目標的空白生活，沒有來者不拒地去經歷那些新奇好玩的事物，我可能不會開啟那條從未想像過的生命之路。又如果沒有過那些五花八門的經歷，現在當身邊的人遇到各種困難時，我也不可能有能力陪他們一起面對。

所以聽到女兒和我一樣，也正享受著生命之美時，我終於放下心中的大石頭。現在的她已經嘗到生活好玩之處，未來一定會好好地活下去。

聊到這裡我突然想起一件事，就隨口問：「那妳有在準備高考嗎？」

女兒回答：「時候到了，自然就會開始準備嘍！」

還是老話一句，只要孩子養得活自己、不傷害他人，我還有什麼好擔心的呢？何況她現在活得那麼開心。

事件
11

身教勝於說教。

最近女兒正在執行一個書寫任務，常一個人默默地寫個一整天。今天睡前她跑來我的床上滾，還抱怨：「唉，我實在難以接受自己撰寫的龜速啊！」

我跟她說：「寫得慢一定會沮喪啊！但妳不妨就接受這個感覺，像哥哥最近也碰到類似的困擾，他花了很多時間研究公司計畫的可行性，但進度卻不成比例地緩慢，他也為此相當沮喪。

「憑空想像的撰寫或鑽研事情的始末，經常得要花很多的時間，成果往往也不顯著。可是根據我的經驗，我確信你們腦中已經有一些看不見的變化了。像媽媽這樣能夠聽到一件事，甚至聽到一句話，就能寫出一篇文章的能力，那是歷經數十年神經網路鍛鍊的結果。我相信假以時日，你們的速度一定會愈來愈快的。」

女兒聽了我的話後，只淡淡地說了一句：「好，那我回去繼續寫。」就站起身往外走。

我趕緊問她：「沒有疑問？就這樣？」

女兒點點頭，說：「嗯，就這樣。其實我早就知道，妳會說要接受自己的感覺，也知道寫東西需要時間。從小我就看妳從哀號一整天只寫半頁A4紙，到現在可以一個想法就寫一大篇，我知道這只是時間的問題而已。」

我說：「既然妳都知道，幹嘛還來這裡滾來滾去唉唉叫？」

女兒回答：「我是一定要唉的呀！這樣才不會在心裡憋到內傷，哈哈。而且我就是想聽妳親口講一次，來印證我的想法。」說完，女兒揚長而去。

我很慶幸自己在孩子還小的時候，就會跟他們分享我的困擾。我會去描述我遇到的事情、感受給他們聽，也會讓他們看見我的努力與嘗試、挫折與失敗，不論最後是成功還是放棄，他們都能看見整個完整的歷程。

因此，當我的孩子在人生道路上碰到類似的困擾，他們就會知道那只是必經的過程而已，也會知道事情最終會獲得解決。**就算他們沒能模仿到我成功的途徑，至少也學到我面對困境時的態度。**

最重要的是，孩子知道每次尋求我的支持時，他們的想法絕對能被理解、不會被罵。這要比口號式的「加油、你一定可以的、堅持下去」，都要來得有幫助許多。

事件 12

這是我的需要，不是你的需要。

不知為何，我最近超級愛嗑葵瓜子，不管跟誰聊天，我都一邊講話一邊嗑著瓜子。女兒碎念鹽分太高，要我去找無鹽的吃，但我說網路上賣的無鹽葵瓜子都剝好殼，我不喜歡。某天兒子放假回來，我們三人聚在一起長聊，當然，我又嗑起了葵瓜子。

女兒逮到機會向兒子抱怨，但兒子卻說：「我知道妳是為了媽媽的健康好，不過，讓我們換個角度來看這件事情。妳記得我們是如何不挑食，愛吃青菜的？」

女兒說：「因為媽媽瘋狂愛吃青菜。」

兒子說：「對，媽媽從不叫我們吃青菜，而是一個人抱著一大碗青菜狂吃猛吃。我們看了就想說那個東西一定很好吃吧？要不然媽媽怎麼會吃得那麼高興呢？於是我們兩個也成了愛吃青菜的孩子。媽媽看起來什麼都沒做，卻讓我們變得愛吃青菜，如果她是用命令的方式，妳覺得會變怎樣？」

女兒說：「或許只會討厭吃青菜。」

女兒知道兒子是在講我「看似無為是有為」的教養方法，目的是要建議她不要叨念，改尋他法阻止媽媽。但女兒還是不放棄地繼續說：「可我總不能等她生病以後，才來處理這件事情呀！」

兒子說：「媽媽都已經是大人了，如果她不舒服，自己就會停止吃。而且她這麼常抽筋，或許就是因為低醣飲食的人身體留不住鹽分，才那麼愛嗑葵瓜子。」

最後女兒負氣說：「好啦，要不然媽媽老了以後跟你住，我負責拿錢出來就好，我就是沒有辦法不念嘛！」

理性溝通，釐清責任歸屬

過了一個晚上，女兒若有所悟地跑來道歉：「對不起，我覺得我不應該念妳，畢竟『不要吃葵瓜子』是我的需要，不是妳的需要。如果我堅持，就應該去找無鹽葵瓜子給妳，而不是要求妳做不想做的事。」

面對家庭衝突事件，我們家的解決方式，多是採親職教育訓練模式中的「家長效能訓練」（Parent Effectiveness Training）來解決。這個模式的目的，在教導家長釐清責任歸屬，促進家長的溝通技巧及解決衝突的能力。

舉例來說，假設我反對女兒念歷史系，因為怕她養不活自己，這時候我們就會運用「家長效能訓練」的技巧，去釐清誰最後要對這件事情負責任。經過理性討論所得出的結果是，能不能養活自己是女兒本身要負起的責任，因此溝通的結論就是：女兒要為她自己的選擇負責，而我則得放下我的堅持。

在我家，女兒的角色比較像是媽媽，對我有很多的擔心與要求。所以每當碰到這類衝突時，我們就以「這是你的需要？還是我的需要？」來決定最後是誰要負責任，並以理性的溝通來解決衝突。

所以說，我們家也不總是和樂融融沒有衝突，只是我們會用有效的解決方式來面對而已。家長效能訓練最重要的概念，就是釐清責任歸屬，有興趣的朋友可以參考湯瑪斯·高登（Thomas Gordon）所寫的《Parent Effectiveness Training》，相信可以讓大家學會理性的溝通方式。

身為家長，總是習慣要為孩子「做點什麼」，
面對已是半個大人的後青春孩子，
或許可以試試「不做什麼」，
全然地信任、適時地放手，
會讓你發現就算什麼都不做，
事情也能自己動起來、自己成就了。

16 堂課

我的老子教養哲學

面對後青春孩子成長的 **16** 個課題

課題01

還給孩子生命的自主權。

有一天，兒子突然跟我說：「妳知道我國中的時候，晚自習都在做什麼嗎？」

我說：「晚自習啊，不是嗎？」

兒子說：「其實那時我每週有兩天，固定跑去網咖玩線上遊戲。」

我兒子是電玩老手。他玩電玩就和我小時候交男朋友一樣，起因於覺得學校教的東西無聊、沒意義，反而是打電玩的時候讓他有成就感。藉由電玩遊戲，他可以輕易進入心流狀態[3]，因此會一直想要玩。

產生心流狀態意味著正在做有挑戰的事。這時腦部工作區被大量使用，不會有多餘的空間去監控時間或其他的人事物，在那個當下，原本因為人事物所感受到的煩惱隨之消失，是一種會讓人嚮往與持續追求的心理狀態。

兒子念高中的時候，我在新竹教書，當時只要我住新竹的隔天，一定會接到老師打來說兒子逃學的電話。問他為何不去上學，兒子給我的理由是，學校教的東西實在是太無聊了，那種無意義令人痛苦，所以他才會選擇躲到被窩睡覺、躲到電玩遊戲裡。我繼續問他，明明知道逃學會被媽媽罵，為什麼還是逃學？他說：「上學是痛苦，被媽媽罵也是痛苦，既然都會痛苦，還不如選個還能得到一時快樂的事情去做。」

既然上學這麼痛苦，為什麼不離開學校體系呢？其實兒子在讀國二、高二與大二時，都曾考慮過要離開學校，最後終於在大二那年鼓起勇氣退學，決心不再回學校，提早進入職場。為什麼會選擇退學不給自己留個後路？他

---

3 mind flow，指一個人完全投入某活動時所產生的情緒狀態。

說，那麼多年在學校的生活，他深知自己不適合這個系統，斬斷後路會讓他更有力量往自己選擇的路走。

當時我曾和他一起討論要選擇什麼職業，他告訴我，唯一會讓他感到快樂的事情是音樂，所以決心要去做音樂工作。對我而言，這句話就像在說「我以後要當總統」一樣完全沒有現實感。我曾經參加各種民歌比賽，在台北市大小西餐廳駐唱過，我會不知道走音樂這條路有多難嗎？然而，從孩子小時候我就告訴他們，只要能夠養活自己，在不傷害他人的原則下，做什麼都可以，因此對他的夢想我也就秉持著不置喙、不唱衰，放手讓他用自己的方式築夢。即使築夢不成，我相信他所學的技能與態度也能移轉到未來的職業生涯。

找到新的成就感

為了能有更多機會接觸各種形態的曲子，兒子先是在一家日本麵店當揉麵團師傅。他認為這份工作單調且重複，可以在沒人打擾的情況下聆聽各種音樂。後來，他又想讓自己熟識更多的獨立樂團，選擇去華山阿帕音樂工作室當櫃檯人員。

我一直不知道兒子在音樂上的表現如何，直到聽到他為我父親的告別式所創作的音樂，才驚覺從沒學過音樂的他，竟然能做出如此氣勢磅礡的樂曲。詳細詢問他是怎麼學會的，他告訴我都是靠下載免費音樂軟體自學來的。為了自學，兒子甚至會上網看英語、日語的 YouTube 影片和部落格，把軟體所教的內容學得淋漓盡致。

看到他做出了成績，證明了他不是嘴上說說而已。工欲善其事，必先利其器，我開始資助他器材，希望他的音樂之路能走得越來越好。後來，兒子有了足夠的能力，開始承接起諸如台北時裝週、日本時裝週走秀等音樂活動。

兒子喜歡音樂這件事，跟之前講的沉溺於電玩又有什麼關係呢？這關係就在於，當兒子開始做他真正喜歡的事情後，隨之有了作品產出與成就感。做音樂所獲得的滿足度和過去玩電玩所得到的滿足度相較之後，做音樂似乎更能讓他進入心流的狀態，而且能夠和實體的人、環境產生連結，所以兒子花在玩電玩上的時間就漸漸減少了。

經常會有年輕媽媽問我，怎麼幫幼兒戒掉奶嘴，我都會說：「重點不是戒奶嘴，而是去檢視是什麼原因讓孩子如此依戀奶嘴？是太無聊？還是太焦慮？如果是因為焦慮，那他又是在焦慮什麼？」同理，孩子如果過度沉溺於電玩，要怎麼幫他戒掉？重點也不是戒電玩，而是要去檢視是什麼原因讓孩子戀上電玩。

我沒有幫助兒子戒掉電玩，我只是讓他做自己真正想做的事。當他忙著做想做的事、忙著養活自己，自然而然就不再需要電玩來填補空虛了。

對沒有玩過電玩的人來說，電玩只是浪費時間又沒有用的東西，但兒子卻告訴我，他反而是因為玩了電玩才對歷史產生興趣。有一年，兒子帶我去京都旅行，過程中看見他對日本歷史如數家珍，讓我大吃一驚；再談起政治，他也是頭頭是道。原來從電玩交鋒的運籌帷幄中，兒子有了看世界的獨到眼光。了解電玩不是那麼萬惡後，現在每當他工作太過忙碌、壓力過大的時候，我反倒會建議他去玩個遊戲放鬆一下。

如果你問我，孩子沉迷於電玩時該怎麼辦？我會說這不是一個用處罰、獎賞、扣零用錢、斷網路就可以解決的問題。就像我跟幼兒家長說的，重點不是戒奶嘴，畢竟把奶嘴丟掉後，孩子還會去吸手指，難道你要砍他的手指頭嗎？

孩子迷戀電玩時，家長要做的是去檢視孩子為何會如此沉迷。**你沒辦法依循任何教戰守則與孩子對著幹，你只能透過了解、與孩子同在，去幫助他找到更有意義的人生，**並且好好享受電玩所帶來的樂趣與好處，之後這個問題就不會再是個問題了。

把選擇交給孩子，任其翺翔

我知道音樂這條路有多難走，這條路除了努力外，還得靠老天爺賞飯吃，所以我曾經刻意不讓孩子有機會碰觸音樂。直到兒子讀高二時，好友 Oda Yuan 帶他去買了把吉他，就此開啟他的音樂世界。

雖然兒子選了一份我不認同的工作，但我篤信朋友的話：「人總是會走進一扇門，在裡面摸索觀察，假以時日，他會看到另一扇門，打開它走了進去，再次在裡面摸索觀察，然後他又會再看到另外一扇門。」因此我相信這次兒子走進音樂之門後，會打開更多的門。於是退學之後，我對他只有一個期待，就是養活自己。我很樂意把生命的自主權交給他，任他翺翔。

人法地，地法天，
天法道，道法自然。

——《道德經》第二十五章

【釋義】

人效法地，地效法天，天效法道，而道效法自然規律。

結語

讓孩子順著自然本性去發展，幫他找到進入心流狀態的門。

課題 02

不愛念書注定失敗？

在某次的家族聚會中，有人談起在高中就讀的姪子正面臨職涯選擇焦慮。看著姪子的焦慮，讓我想來談談不靠學歷的職涯發展。

在我的定義中，「會讀書的人」指的是，擅長遵照學校體系設計的架構行事與考試的人。但在現實生活裡這種人真的不多，為什麼呢？因為學習的路徑有很多種，許多人就要是透過實際操作、犯錯、修正來學習的。然而，學校教育有它一定的進度，不容許緩慢摸索，所以需要透過操作與犯錯來學習的人，在學校就不容易拿到高分，也常誤認自己是沒有能力的。

關於這點，我想提供兒子的職涯發展給大家參考——**只要能覺察孩子的**

長處與渴望，不要企圖要求孩子照著你的意思做事、不唱衰他，最終他們自然能整合自己的經驗，朝向更圓滿的方向前進。

兒子不愛讀書，讀高中的時候，幾乎就是上課睡覺、下課尿尿，甚至到讀銘傳大學法律系都還是維持這種模式。當中有好幾次他想離開學校體系，卻因為害怕養活不了自己而作罷。畢竟，「只要能夠養活自己，不傷害他人，做什麼都可以」是我家族最重要的教養指導原則。後來兒子去打工，發現賺錢沒有想像中那麼困難之後，就大膽地退學，並且從零開始自學起音樂。

起初他選在麵店做揉麵工作時我就想：「難道兒子要揉麵團揉一輩子嗎？」一心中很想說點什麼，但最後我問自己：「對孩子的最高指導原則是什麼？是養得起自己就好了，不是嗎？如果他的確養得起自己，我又憑什麼嫌棄他的選擇？」於是我勒住了我的舌頭，沒有阻止他。

兒子還很迷日本動漫，愛看那種我認為沒有營養的直播主頻道，或者聽他們講一些很白痴的「哏」，讓我真的很想翻白眼。但我終究還是回頭問自己：「對孩子的最高指導原則是什麼？」好，那就勒住舌頭，因為我沒有資格去嫌棄他的嗜好。

後來他又分別去做了華山阿帕的櫃檯人員、搞樂團、用他從動漫學來的日文，去當其他樂團赴日時的免費翻譯……這些對我來說都不合理，不僅賺不了錢甚至還得貼錢，但我還是沒說什麼。只要他能對自己負責、養得活自己，我就一定會勒住自己的舌頭，讓他按照自己的意思探索。

興趣 vs. 學歷

當時我的確看不見他的未來，但現在回過頭來分析，兒子能有目前的全職工作，還真得歸功於那些曾經被我主觀認定為不值得去做的事情。

前一陣子我兒子負責的時裝週走秀音樂大受好評。在我看來，他音樂能力已然成熟，加上現在也有個認真交往的女朋友，已經不能再像以前一樣，過著一個人飽等於全家飽的生活，所以我要求他在半年內搬出我的住處、獨立生活，為人生的下一個階段做準備。

為顧及創作音樂的夢想，兒子過去都選擇兼職工作。但在收到我要他搬出去的通知之後，他馬上開始去找全職工作。只是他明明應徵的是音控，最後卻因他長期關注直播主、參加粉絲見面會這類五、六年級家長完全不知道是什麼的活動，讓老闆發現他知道市場所在、了解如何行銷，加上他EQ、口條都很好的情況下，結果得到的工作不是音控，而是音樂餐廳的行銷企劃專員，每個月的薪水甚至比我教的大學畢業生還要高。

這個工作和學歷有關係嗎？沒有。

但卻和那些我內心不認可的事情有關。

我想起他曾經投入過很多我「看不懂」、「想翻白眼」的活動。譬如他會參加偶像團體AKB48的卡片交換活動，也會看那些直播主很無厘頭的直播，會去聽我覺得音效不好、不如在家聽MP3的獨立樂團現場表演。那些我們「大人」看起來很不划算、沒有意義的事情，在他當音樂餐廳的行銷專員以後通通顯現出了價值。人脈為他帶來好的DJ與歌手，甚至他也會邀請

YouTuber 或歌手來餐廳辦記者會或簽唱會。

世道在變，我們不能再用那些早已過時的價值觀，去評價孩子的選擇了。當然我還是得說，沒有學歷基礎，光是展現知識、語言能力與人際能力，可能還是會讓老闆覺得不放心。但若有作品呈現就能讓雇主知道，你可以有始有終地去完成一件事，也能讓人看到你的專業水平究竟在哪裡。兒子的音樂作品，雖然與音樂餐廳的行銷無關，卻展現了他可以獨力完成一件事情的能力，可以讓雇主放心、大膽地雇用一個沒有漂亮學歷的人。

回到我那就讀高中、正在為職涯焦慮的姪子，我也想跟他說：「姑姑看到你在家裡做的裝潢和壁飾，就知道你可以放心地朝著興趣去發展，持續做出成品後，未來一定會和表哥一樣，不需要學歷也能養得活自己。」

天下皆知美之為美，斯惡已。
皆知善之為善，斯不善已。

——《道德經》第二章

【釋義】

天下都認定美的標準後，也就有了醜惡的產生。有了善的標準後，便有了不善的產生。

結語

美與惡並沒有絕對的標準，職業與人生的道路亦是如此。

課題 03

勒住舌頭，支持、支持、再支持。

原本以為兒子跟女兒的職涯發展屬於「非典型」案例，沒想到在臉書連續寫了幾篇關於他們職涯選擇的文章後，意外地引發很大的迴響，才知道很多家長都遇到類似問題。然而其中最多人問我的是，究竟家長要如何才能「勒住舌頭」，不去指責或抱怨孩子的不是。

其實勒住舌頭對我來說並不困難，認真回想起來，這或許跟我過去的生命經歷和受過的正念訓練有關。

我讀國中的時候學業成績並不理想，自我價值感又低，所以從國一開始就和不良少年鬼混，但因為沒有逞凶鬥狠的天分，人又長得瘦小，自然幫派也混不下去，最後勉強去念了五專。五專時期也很慘，只要碰到統計、會計之類的科目就鐵定被當，甚至重修三次還不過，差點被退學，要不是老師大發慈悲，我想我大概畢不了業。

畢業後，我在馬偕醫院附近，找到一個錢多、事少、離家近的工作，還因此去馬偕醫院當志工受到啟發，進入大學的社工系，自此找到人生真正的興趣。不僅成績從永遠的倒數三名變成前三名，後續碩、博士讀的還是世界名校，光是獎學金就拿了新台幣幾十萬元。

就因為自己曾經覺得讀書很難，所以兒子不喜歡念書也不會逼他，畢竟自己過去也做不到，又憑什麼去逼別人呢？加上我自己也是在遇到真正的興趣後，才開始急起直追、奮發圖強地學習，所以當沒有學過音樂的兒子，告訴我要走音樂這條路時，我也沒去唱衰他，畢竟那是他真正有興趣的事。

另外，我大學剛畢業時也曾在榮總身障中心工作過，當時我服務的對象包含唐氏症患者、腦膜炎、脊髓損傷、漸凍人、聽覺障礙者等人士，這段工作經歷讓我不會視人生的一切為理所當然。

勒住舌頭並非隱忍

雖然我兒子不愛讀書，但我依舊欣賞他的EQ、佩服他的自學能力，感恩他的存在，也感恩他能自由走動與呼吸，沒有身體上的病痛。對我來說，生命不只是會讀書而已，它還有很寬廣的可能性，既然如此，我也沒有什麼好去苛責，也就可以很輕鬆地勒住舌頭。

再者，正念訓練也是我能不脫口而出、不輕率批評的另一個原因。正念訓練讓我能夠覺察自己的衝動，接受自己的情緒與擔心。只要把注意力放在呼吸上，就能讓自己冷靜下來思考：「我說這句話的意圖是什麼？說了有用嗎？說了對他有幫助嗎？」同時我也會用同理的態度，一邊聽孩子說一邊摘要我聽懂的訊息，為自己爭取理解與反應的時間。

人往往在產生了「應該」怎麼做的念頭後，陷入痛苦，來回擺盪在現狀與「應該」之間。當現狀與「應該」的距離越來越遠時，就以為自己走到絕路，殊不知這個「應該」也許根本就是錯的，忘了抬起頭來看看人生其實還有無數條其他道路。所以，**勒住舌頭並不是要家長隱忍，而是去擁抱生命寬廣且無限的可能性。**

靜待時間發酵

我一向主張讓孩子想做什麼就做什麼，畢竟家長不是自己的孩子，既然不是，又怎能知道他的渴望在哪裡？**渴望是所有事情的原動力，就像是火車的引擎一樣，至於火車要往哪裡開，就得由孩子來決定。**有時候家長得承認自己在某些觀念上是落伍的。以我為例，我就無法欣賞那些線條看起來亂七八糟的現代漫畫；我也試過上批踢踢去了解年輕人的想法，卻覺得版面難以閱讀。因此，對於現代流行趨勢等陌生議題，家長有什麼資格以盲引盲呢？

但也有人擔心，這樣的教養理念是很好沒有錯，但真要執行起來，心裡不免有些害怕。然而，我相信只要家長給予的時間夠長，都有機會看到這個理念的實踐，就像我兒子最要好的三個朋友揚揚、翔與阿濮，他們都是這個理念最佳的見證。

先講揚揚。他媽媽和我一樣，是個不會去干涉小孩發展的母親。因此揚揚依照他自己的興趣，高中跟大學都選讀了戲劇科系。求學過程中他持續的打工，無論是演戲、扛道具、扮小丑都做過。有時我這個做長輩的還是會偷偷擔心：「這樣下去真的好嗎？」

揚揚目前在一家知名的居酒屋當店長，我們一群人去他店裡吃飯，店裡滿滿都是人，卻見他處理事情游刃有餘，不時用日文招呼客人。和弟弟們討論團練，言談之間讓人感覺到他的專業與認真態度。

看到現在如此優秀與成功的揚揚，有誰能想到他在國中的時候，是一個會讓老師頭痛、讓媽媽老是被請到學校面談的問題學生呢？

現在想起來，當時我會偷偷地擔心是因為，我沒有看過他完整的成長過程，所以不確定他在國、高中時究竟學到了什麼，未來有什麼能轉化到其他職場的能力，也不清楚他人格特質的發展脈絡，當然更不知道原來我的擔心只是無的放矢。

再來談談翔。當他從學校畢業後，決定要簽下志願役去從軍時，周遭的人都不能理解，兒子甚至氣得差點與他決裂。但事實證明翔選擇了一個最適合他個性的職業，既築夢也踏實。而我兒子也了解到，要支持他人的選擇，就如同他人支持他的選擇一樣。

最後還有阿濮。在念完工業管理、當完兵以後，他決心要走一條和大學所學完全不相關的道路——室內設計。雖然知道從零開始很辛苦，所幸他的媽媽很了解兒子的潛力與美感，全力支持。現在他在系統家具公司工作，結合了對設計的興趣、管理的專業和行銷的天分，業績做得有聲有色。

這三個孩子的故事，讓我們看到**職業生涯的培養，最重要的不是往「錢」看，而是自我了解、允許嘗試，摸索與失敗**。任何人都不能代替孩子做選擇，家長或許可以提出質疑但絕對不是唱衰，而是去幫他釐清優勢、劣勢，然後就是支持、支持、再支持而已。

悠兮其貴言，功成事遂，
百姓皆謂我自然。

——《道德經》第十七章

【釋義】

好的統治者很少發號施令，當事情成功的時候，老百姓會以為是自然發展而成的。

結語

人生有無限的可能性，面對孩子不同的選擇，家長應放開胸懷樂觀其成。

課題 04

不一定要做什麼才能有所成就。

我小時候住在延平北路一段頭，距離就讀的小學有些遠，大概得走兩站公車的距離。長大後回想覺得不可思議，我媽怎麼可以那麼放心，讓小學一年級的女生自己走那麼遠的路上學，也不會要哥哥、姊姊陪。但就是因為我的父母很早就放手，甚至是把我推出去，所以我的力量才會一直長出來，而且很習慣自己長力量、長創意。

兒子剛出生的時候，我手忙腳亂，下班接了孩子天天回娘家，直到我娘說：「不准每天回來。」逼得我不得不自己面對孩子的屎尿、氣喘與似乎永遠不會停、聲嘶力竭的大哭。當時和我媽年齡相仿的同事既羨慕又不解：「我超想要女兒回來黏我，她們都不肯，為什麼妳都送上門了，妳媽卻把妳推出去？」

準備出國讀書時，有人建議我第一年先把孩子留給爸媽，等待生活穩定後再把孩子接過去。但爸媽很堅定地拒絕：「自己生，自己養。」於是在一句英文都說不清楚的狀況下，我扛著四歲和六歲的孩子出國讀書了。

爸媽的無所作為讓我從小就勇於做出驚人的壯舉。譬如小學三年級就自己去考全台北市最知名的兒童合唱團，小學五年級就和同學組隊參加五燈獎選秀。製作人周日新回憶當時的狀況說：「你們這群小蘿蔔頭埋在人群裡，被叫到名字時滿頭大汗地鑽出來。問你們爸爸、媽媽還是老師在哪裡？個個都搖頭。我能怎麼辦呢？只能把你們撿起來照顧了。」

長大成人後，我爸媽還是無所作為，不幫我照顧小孩、不幫我籌措出國的學費。這段經驗讓我琢磨出在事業、家庭兩頭燒之下如何輕鬆教養不生氣的心法與技巧，也因此現在能到處演講這個題目，提供家長諮詢。

你說我父母狠心嗎？我曾經問媽媽說：「妳怎麼能放心讓一個小一生、腿短短的人，走那麼遠的路去上學？」

我媽說：「我在後面跟過妳幾次，我知道妳沒問題。」

我又問：「妳怎麼能放心我自己去參加各種比賽、社團？難道不怕我被騙走嗎？」

我媽說：「我和妳阿姨觀察的結果，妳不把別人騙走就不錯了。」

跌倒了，自己站起來

我從我的父母身上看到：**放手，孩子才會長出力量**。因為家長一開口、一插手，孩子的腦子就停止運作，停止想像，停止計畫。**放手，孩子才會跌倒，才會因為沒有人急著去扶而認命地爬起來，更會因此想辦法自己解決問題。**

在我的成長歷程中，父母對我用了很多的相信，大部分只是用眼角餘光稍微注意一下而已。要是孩子有危險了，真的不行了，他們也只是出手扶一下，扶一下下不會倒下去爬不起來就好了。當然，也就是因為他們只花少少的力氣在孩子身上，所以他們把自己照顧得很好，成為孩子人生旅程的模範。

或許正因他們的放心與放手，我現在是大學副教授，哥哥是醫師，弟弟是成功的商人。而且我們還相當地敢與主流不同，我敢研究社會上最隱晦但非常重要的兒童性行為、哥哥敢叫大家不要吃米麵飯、弟弟則是在詭譎多變的商場中，在冒險與放手之間游刃有餘。

我也因為這種「無所作為」的人生哲學，嘗到了很多好滋味。好比當我靜靜打坐時，不會企圖去想什麼，就讓神祕偉大的腦袋自己組合出有創意的點子；我幾乎能夠每天完成一篇文章，而且經常是在打坐時腦子裡浮現議題，之後就像起乩一樣劈里啪啦把大腦要我寫的東西給寫下來。那種感覺不太像是我在寫，而是我的腦袋在倒出它要講的話。或是當我不工作跑去睡覺時，神祕偉大的腦袋也默默地變聰明，原先看不懂的、想不清楚的論文或概念，一起床都看懂了。

當然，我的孩子、我的學生也會在我的無所作為、放手與放心之下，長出力量、獨立自主。

如果你總是習慣一定要「做點什麼」，彷彿這麼做才能確保什麼，或許可以試試「不做什麼」。你將會驚訝地發現，許多人、事、物在你不做什麼的情況下，也能自己動起來，自己成就了。

我無事而民自富，
我無欲而民自朴。

——《道德經》第五十七章

【釋義】

不施教令，人民可以自己富足；沒有欲念，人民可以自然樸實。

結語

無所作為、放手與放心之下，必能長出力量。

課題 05

碎念以外更好的方法。

耀廷媽媽談起最近跟小學四年級兒子的衝突，她說：「現在只要我說他哪裡不對，他就會開始抓狂，甚至當著我的面摀住耳朵。好幾次我都得做深呼吸，才能忍住想動手打他的衝動。有時候我只是想要提醒，但兒子一看到我開口，就認定我要指責他，搶著說：『妳又來了，又要碎碎念了。』

「我也想做個溫柔的媽媽，不要一直念他。但我就是無法接受，明明知道什麼事不該做，但他偏偏就要唱反調。」耀廷媽媽說。

我好奇地問：「像是什麼事情呢？」

耀廷媽媽說：「昨天晚上我帶他去看牙醫，醫生送他一個魔術方塊。他在馬路上就玩起來了，我只好提醒他這樣很危險，但他聽不進去，於是我一路都牽他，幫他注意來車。回到家後，他依然故我，一邊爬樓梯一邊玩，我又得提醒他小心摔下樓，但他竟然還是繼續玩。這時我真的火了，就說：『你到底有沒有在聽？』他立刻摀住耳朵，反過來對我吼叫：『妳很煩耶！』讓我超受傷的。」

我說：「聽起來，妳為他的危險負起責任，卻反倒被說煩。」

耀廷媽媽說：「對啊，這種危險的事沒有溝通的餘地吧？怎麼可能讓他自己負責？總不能真的讓他去撞或摔一次吧？」

我回答：「的確，有生命危險的事沒有溝通的餘地。但我們來想想，有沒有可能在某個點上改變做法，讓事情不會發生？」

適時停一下

耀廷媽媽疑惑地說：「可是如果一開始就沒收，他一定當場翻臉。」

我說：「對，妳說得沒錯。這樣做像是事情還沒發生，就先判定孩子會犯錯。或許我們應該試著在走出診所前就先約定好，他可以擁有這個魔術方塊，而且是回到家做完功課『就』可以玩，不是做完功課『才』可以玩。」

耀廷媽媽又問：「但如果他問為什麼不能邊走邊玩，或為什麼非得做完功課才可以玩時，我該怎麼回答？」

我說：「可以問他哪種選擇會玩得比較盡興，讓他去動動腦、用自己的生命經驗比較。如此也能讓他得到『為了擁有更好的體驗而延遲滿足』的能力。」

耀廷媽媽點點頭，說：「好，下次有機會來試試看。但萬一遇到類似邊走邊玩突發的危險狀況，我又該怎麼辦？」

我說：「這個問題問得很好，有時候我們也會不自覺地一直想滑手機。所以，這時候可以試試用『停』的策略，好比當他開始在馬路上玩起來的時候，你就拉住他，站好不動，然後看著他。」

耀廷媽媽說：「但我覺得他現在對我有點敏感，可能我還沒開口，他的警鈴就響了。」

我回答：「因此我們得換個方法。不要說任何話，只要拉住他、看著他，讓他發現有異於平常的沉默時，自己就會開口問妳怎麼了。」

耀廷媽媽還是不放心，又說：「那他可能會說：『我現在就想玩嘛！』怎麼辦？」

我說：「的確有可能。所以這時候妳就得用剛剛討論過的策略，問他問題，讓他自己去思考。譬如問他，現在一邊玩一邊擔心車子，跟等一下專心玩，哪個比較好玩？」

最後耀廷媽媽說：「好，我努力試試。」

過沒多久，耀廷媽媽寫了訊息給我說：「老師，真的有效耶！」

她繼續寫道：「剛剛一回到家，發現兒子功課又沒寫完，如果是平常的我一定會開口念他，但我就只是看著他，不說話，結果他果然先試探性地問我怎麼了。我回他：『你說呢？』他就說：『對不起，我功課沒寫完，我現在趕快去寫。』我真想抱住您轉圈圈，沒有想到事情其實這麼簡單。我之前聽別人講，就算是夫妻，用這種沉默的方式來吸引對方注意是沒有用的，為什麼用在孩子的身上會有用？」

我說：「夫妻之間沒有用的狀況會發生在彼此積怨已久，配偶的沉默被詮釋為情緒勒索。但妳平常跟孩子的關係非常好，他們敬重妳、愛妳，自然也願意為妳改變。因此只要稍微暫停一下，允許對方有反思的空間，同時也讓自己靜一下、不衝動，通常都會有很好的效果。」

雖然碎念是家長基於關心才會有的舉動，但是被念的那一方很容易會把耳朵給關起來，有聽沒有到，甚至感到厭煩、與家長產生衝突。家長可以試著為自己與小孩創造空間，提出問題讓對方主動去思考與做出判斷，這絕對會比強迫孩子服從的碎念來得有建設性。

知足不辱，知止不殆，
可以長久。

——《道德經》第四十四章

【釋義】

知足就不會痛苦，知道適時停止，則可以避免危機，這樣才能維持長久。

結語

適時停頓下來，讓孩子思考，也給自己冷靜下來的空間，才不會咄咄逼人造成反效果。

課題
06

不罵不成器？

我對兒子、女兒總是很支持，和他們講話也始終保持理性。只是有時難免也會想，會不會我不罵他們，反而害他們無法承受被別人罵呢？

直到某個寒假，我到一個學費高達台幣十幾萬元的心理治療團體擔任翻譯志工，聽到治療過程中，團員表述自己對於各種被罵的恨意時，答案頓時變得清楚了。

原來在家庭以外的世界，從來不缺會酸你、罵你，說你不夠好的人，卻很缺當你被打趴時在你身邊打氣，而你也願意讓他幫你打氣的人；外面也不缺失業、暴力與種種未知的恐懼，卻很缺在你恐懼的時候，願意牽著你的手，而你也願意讓他牽著手的人。

深度地和團體裡這些有錢人幾天相處下來，發現讓他們最痛的都不是來自事業與工作。他們最深沉的痛多是源自小時候家長的指責。當團體引導者引導他們抒發情緒，這群人對著軟墊做成的牆壁又叫又踢又打地發洩時，我覺得自己看到了他們內心裡的地獄，這種感覺讓我有些害怕。

當晚，我撥了通電話給我的母親，跟她說：

「謝謝妳從來不罵我，即使我以前功課真的很不好，妳也從不說我笨；謝謝妳在我放學時，讓我一定有東西吃，給我健康的身體；謝謝妳總是聆聽我說話，不批評我，讓我很喜歡回家。因為妳不罵我，會陪伴我、聽我說話，所以我不用花大錢去參加治療團體，尋求抒發。在我離婚及在學術界升等過程中被不公平對待時，我並未因為妳不曾罵我而承受不起挫折、被打趴或因此陷入憂鬱。」

在這個心理治療團體當志工的最大收穫，就是讓我確信我媽媽的方法是對的。**用責罵、碎念的方式來「激勵」孩子，或許真的可以讓孩子有好的世俗成就，但我保證他內心的黑暗面積也會跟著變很大。**

和大怨，必有餘怨，
安可以為善？

——《道德經》第七十九章

【釋義】

調解未深思熟慮而造成的沸騰民怨，必然有餘怨難消，又怎麼能算是良善的辦法呢？

結語

聆聽孩子的需求，不用責罵的方式去規範他，才不會對孩子的心理造成傷害。

課題 07

讚美孩子天經地義。

網紅理科太太曾與蔡康永在節目中對談，理科太太說她不准人家稱讚她的孩子漂亮、聰明，引發許多討論。朋友看了訪問，迷惘地問我：「老師，可以稱讚小孩嗎？」

有人覺得不可以稱讚，認為稱讚會讓小孩為了博得成人歡心而努力，只會做社會主流要你做的事，而不去做自己；也有人覺得當然要稱讚，明明就欣賞小孩這樣美好的存在，卻刻意不讚美實在太不自然。

理科太太不准人家稱讚她的孩子漂亮聰明，必定有她的信念與考量。但我把這件事情放在心裡琢磨過後，最終還是認為應該要去讚美，讓孩子感到被這個世界所悅納。畢竟成功的人不見得滿足，但滿足的人通常能感到歸屬感，感到被這個世界所接受。

所以我告訴朋友：「明明就覺得孩子又可愛又聰明，卻得壓抑著不能講，這點我做不到！而且我家那兩隻天天被我稱讚水水的，他們的優點我也毫不保留地說出來，到目前為止看起來也沒有壞掉的跡象啊！」我認為重點並不在稱不稱讚，而是如何稱讚。

讚美當然是好事，重點是怎麼稱讚

不可諱言，幼兒是透過和成人互動來定義自己的優缺點、是否被這世界喜愛或歡迎。當幼兒覺得這個世界不喜歡自己時，會感到恐慌。因為對於沒有能力獨活的他來說，成人不喜歡自己，代表會有「生存危機」。

在幼教系任教時，只要有在職進修的研究生說，他現在任教班級的誰誰誰好難搞，一早來幼兒園就開始闖禍安靜不下來，用盡各種方法都沒有用，我會請這些正在幼兒園當老師的研究生這麼做：每天孩子到校時就蹲下來抱抱他，看著他的眼睛說：「好開心看到你。」還要時常把孩子叫來身邊說：「老師好喜歡你，你怎麼這麼可愛！」通常只要老師們這麼做，孩子都會安靜下來、不再暴走。這是因為孩子覺得被悅納了，感到安心了。

我在提供諮詢的時候，常常看到女孩為了得到讚美，討好或傷害自己的身體，但我自己的女兒從來沒有這個問題。為什麼呢？因為即使她剛睡醒、頭髮亂亂的，我還是覺得她好可愛，就會直接稱讚，更不用說她精心打扮之後有多美。她從我這邊得到的訊息是：我睡醒頭髮亂亂的是美、精心打扮也是美，基本上我就是個美人，怎樣都美。換言之，人類的腦袋會整合資訊，透過整合各種回饋形成了「我是被世界所悅納的人」。

話說就在剛剛女兒滑臉書，看到朋友養豬，驚訝地對我說：「媽媽妳看！有人養豬當寵物耶！」我親了一下她的額頭：「那有什麼稀奇？我不是也養了一隻嗎？」屬豬的女兒馬上對號入座，但卻超有信心地說：「而且是一隻美麗的豬喔！哈哈哈！」

稱讚會讓孩子知道自己的優勢，是建立孩子未來職涯發展的良好基石。譬如看到孩子把樂高堆得很複雜，但是很穩、很美，你就可以說：「好棒啊，你就像工程師一樣，蓋房子不會倒又很漂亮。」這樣的稱讚就會在他對自己的認識中加了一筆——我有工程與美感的長處。

就像兒子雖然在音樂創作的路上跌跌撞撞，但他仍然能夠越挫越勇做出成績，或許就是因為我經常表達對他的悅納吧？所以他能忍耐賺的錢比同儕少，朝向更高善的方向前進。所以，如果稱讚能讓孩子感受到悅納、歸屬感，進而發揮潛能、增加耐受度，那麼稱讚應該是好事，而非不能說出口的洪水猛獸。

至於理科太太反對稱讚小孩，我把它理解成不想讓成人操弄小孩：你說要當醫生我就說你很棒，你說要當船員我就皺眉頭。換言之，家長不是不能稱讚小孩，而是要去覺察稱讚或不稱讚的背後，是否強加了自己的願望與價值觀在孩子身上，使孩子對自己天分的覺察與發展變得狹隘。

要小聰明要不要稱讚呢？

那在可以稱讚的前提下，看到小孩有做壞事的小聰明，到底要不要稱讚呢？不要稱讚比較好吧？可是明明覺得他很聰明啊，或者旁人就是要誇孩子聰明，這要怎麼辦呢？我來說個兒子的小聰明故事吧。

兒子高二的時候非常著迷於美國職籃，對於球隊動向有深度的研究。有一天，他跟我說他在簽運動彩，而我前夫是在財務上很有冒險精神的人，他覺得既然兒子十場可以押對八場，除了鼓勵他繼續做外，還打算加碼支持他。我聽了以後雖然心中大驚，但又不能否認這的確是一種能力，而且就算我認為這能力沒有用，也改變不了贏錢的事實，更何況現在不僅贏了錢，爸爸還給兒子當組頭。在這種狀況下，當媽媽的若是否認兒子的能力與天分，擺明就是跟孩子的自尊對著幹。

所以我跟兒子說：「我覺得你透過研究職籃簽運動彩十賭八贏，的確是種能力，和我所知道的股票玩家是一樣的。但就媽媽對你的了解，你不是戰鬥型的人。你看華爾街的人，個個精神都是緊繃的，你覺得你想過那樣的生活嗎？另外，我們親戚也有人十次贏八次，可是輸的那一次就把贏的全都吐回去。當這種事情發生時，你能夠挺住那個打擊和不甘心嗎？」

透過收集與分析資料來賺錢並不是問題，對我來說，真正有問題的是這種生財模式。我不去否認兒子的能力，但我想用引導的方式讓他看到後果，讓他自己去思考要不要過這樣的生活。

事實上，女兒在師大附中的公民課老師就曾用過類似的方法，讓全班同學進行一整個學期的標會，學期結束後女兒就決定，以後絕對不跟會。理由是：「現在是大家都還在學校、每天都會見面跑不掉，但現實生活的標會不見得是這樣。會頭、會腳都有可能會跑，要是發生這種事，朋友的感情都會弄壞。再者就是，好麻煩啊！」

稱讚從來就不是個問題，而是要如何稱讚。

美言可以市尊。

——《道德經》第六十二章

【釋義】

善於駕馭語言，可以交換到自己想要的東西。

結語

適當且誠心地去稱讚孩子的優點，可以讓他發現自己的價值。

課題
08

找到孩子人生的光。

曾經有一位母親告訴我，香港的教育制度讓孩子們的命運，在國小五、六年級就被決定了。所以即使她認同「得放手讓孩子自己長出想要學習的力量」，也始終沒有勇氣真的放手。為了保障孩子能進入好的中學就讀，全家處於備戰狀態，每天得陪孩子苦讀到晚上十點多。

我想不僅是香港，在台灣也是一樣，很多家長雖然在理性上知道要「放手」，實際上卻做不到。或許我個人的生命經驗無法適用於每一個人，但這段路我走過，該做的「實驗」也已經告一段落，因此我的實際經歷應該能給大家做個參考。

以我的家族成員為例，我們人生的路徑大約可分兩類：一種是學生時期不好好讀書，人生上半場令人擔心；另一種是求學時期名列前茅，出校園之後卻開始迷惘起來。

好比我兒子、我弟弟和我，就是那種上半場讓人煩惱的典型。我們在求學時期特別愛玩、看到書就想睡覺，但在離開學校後，卻都因為工作而有了舞台，開始瘋狂吸收新知，上班就像在玩遊戲，每天玩得不亦樂乎。直到現在，我們三個都還是很喜歡讀書。我是大學老師，愛讀書自是不用多說，弟弟和兒子則是不斷涉獵與工作有關的知識，又因為這些知識可以時時派上用場，更是加深了對閱讀的興趣。

而我哥哥和我女兒，則是在人生的上半場一帆風順、讀書名列前茅，為家長帶來了光榮與安心。可是他們在人生中場時卻突然停下腳步，轉而去尋覓人生的方向，讓原本對他們感到放心的人擔憂起來。

就像我哥哥本來醫生當得好好的，卻突然辭職去印度修行，又跑到美國去學當健身教練，經過一段時間的探索後，才回台灣重新當醫生，致力推廣起賺不了錢卻能使民眾更健康的低醣、生酮飲食；女兒則是台大畢業後一度不知該往哪裡去。為了找出自己的人生道路，她曾經一星期只打一天工，其餘時間就與自己的身體、心理對話，幾經摸索，現在正在為考公職而努力。

信任與陪伴

無論是走哪條路，目前我家族裡這兩類人都活得很好，也過著自己想要的生活。因此在我的經驗中，沒有人會在國小五、六年級就定生死，我想就算是到了八十歲，人的命運也不會被決定。

兒子、弟弟和我共同的經驗都是，尋尋覓覓了很久，沒有人知道我們在搞什麼鬼，甚至連我們自己也不見得知道要往哪裡去。但就在尋覓的過程中，前面突然出現一道曙光，讓我們開始感到興奮、覺得事情變好玩，為了找到更亮的光，我們會去讀書、找資料、動腦筋，生命也就隨之亮了起來。

而哥哥、女兒跟我們的經驗就很不一樣，在他們生命的上半場，如同過江之鯽被教育制度推著前進。可是，就在人生某個點，沒有人來推著走或拒絕再被推著走，他們停下了腳步，為了找到屬於自己的光而重新摸索。然而在學習尋找自己的光的初期，他們看起來格外反常、叛逆，和過去相比，彷彿像是中了邪般，使得身邊的人極度擔心，但現在他們也都找到屬於自己的光了。

人生是一條不斷在尋尋覓覓的道路。孩子們找路的時候，需要的是旁邊的人對他們有信心，這樣他們就不會在「你到底在幹什麼啊？你知道你要去哪裡嗎？」的鼓譟質疑中亂了陣腳，反而找不到路。

相信你的孩子吧！孩子不會因為中學沒就讀某個名校，人生就完蛋了。**把眼光放遠一些，即使現在你的孩子看起來比別人差或是矮人一截，只要家長能給予信任與陪伴，最終，孩子都會找到屬於自己的光。**

反者道之動，弱者道之用。

——《道德經》第四十章

【釋義】

道的運行是反覆循環的，道之長久在於柔弱謙下。

結語

一時的挫折與迷惘不代表一輩子的失敗，信任孩子，讓他們找到自己的光。

課題
09

我聽到了，我知道了，我了解了。

有一次和一群大學老師們討論如何促進學生的學習動機。有老師提到學生常有的問題是不肯認錯，並且亂發脾氣，充滿強烈的負面情緒。

我說：「我能夠體會老師們的不解，覺得現在的年輕人怎麼會不懂得反求諸己，千錯萬錯都是別人錯。」

「但讓我們從另一個觀點來看發脾氣這件事。」我繼續說：「人的情緒就像警報器。當學生感到不舒服，心裡的那個警報器自然會響起。試想，如果你家的警報器響起來了，你還能理性地工作嗎？當然不行。所以學生才會不理性地說都是別人害的。」

「因此，為了讓學生可以理性思考，首先我們要關掉他的警報器。但如果你一開口就跟學生說，你的警報器不該響，那他只會覺得你沒有聽到，所以會響得更大聲或是進一步啟動第二個警報器。要關掉警報器最重要的步驟，就是要表達『我聽到了，我知道了，我了解了』的訊息給學生知道。既然你聽到了、知道了，也了解了，學生的警報器也就沒有響的必要了。」

我跟老師們說，「情緒是個警報器」這個心法不僅適用於成人，連對嬰幼兒都很有用。我分享了一位母親因為家裡的幼兒半夜哭不停來找我的案例。這位母親說無論怎麼哄、怎麼抱都沒有用，看醫生、收驚、拜床母，什麼方法都試過了，孩子還是哭個不停，好幾次她都氣得想打小孩，最後也累出病來。這位母親問我該怎麼辦，我詢問她整個狀況後，告訴她「情緒是個警報器」這個心法。我說：「孩子僅有的表達工具也就只有哭了。既然是個警報器，就要接受它會響，要允許孩子可以哭。」

這位母親因為孩子哭鬧不休來找我，我卻還跟她說：「哭是可以的」，聽起來很匪夷所思，但感謝她願意相信我，也試了我的方法。

「諮詢結束，隔天起床看到這位母親傳來訊息，她寫道：『老師早安！昨晚我先讓孩子知道媽媽就在這裡，告訴她如果半夜醒來我會牽著她的手，想哭也沒關係。果不其然她半夜又大哭，我就握著她的手再跟她重複說一次，後來發現她胡鬧的強度漸漸變弱，如此大概反覆三、四次後，她就已經能平復下來。這一切都太奇妙了！至少昨晚算有睡好，突然又覺得人生充滿希望！今晚繼續加油。」

這個例子證實，**沒有人想要亂發脾氣，發脾氣只是一個「有事情不對勁」的警報而已**。所以下次碰到發脾氣的人，不要指責他怎麼可以亂發脾氣，而是要讓他知道：「我聽到了，我知道了，我了解了。」

居善地，心善淵，與善仁，言善信，政善治，事善能，動善時。

——《道德經》第八章

【釋義】

有德之人把任何地方都當作好地方，心如深淵能容萬物，對人持有同理心，講話守信用，為政能把國事處理好，做事能發揮所長，行動得以把握時機。

結語

對孩子的情緒多點包容與同理心，讓孩子知道家長「知道了，聽到了，了解了」。

課題10

只要坐在高高的椅子上看著。

每當心情需要靜下來的時候，我就會去聽吉他詩人董運昌老師的演奏。有一次看到董老師的文章提到〈下午的一齣戲〉這首歌，引發一段我很久不曾想起的記憶。

上大學之前，我對自己的認知是放蕩不羈與隨興的，像是讀國小時，我得負責每天的國歌伴奏，因為沒有琴譜我也就彈得隨興，每天彈的都不一樣；五專剛畢業的那段時間，我輪流在幾家西餐廳以鋼琴自彈自唱，當時的我不知道未來該何去何從，所以客人愛唱什麼我就隨興彈什麼，過著一種像是沒有根的漂泊生活。

某次因緣際會下，我認識了〈下午的一齣戲〉的創作者陳明章老師、滾石唱片的王明輝老師與大提琴家陳主惠老師等人，之後我們就經常在陳明章老師北投的家中聊天，也常常即興創作到大半夜。回到家時，我的身上都是菸味，或許這對很多人來說，我已是變「壞」了的孩子，但媽媽卻只要求我，如果要晚回家得先打個電話而已。但就算只是這點要求，我也常常做不到。

聞到我身上的菸味，媽媽從來都不點破，只有在我晚歸的時候說：「妳沒有回到家，我會睡不著。」之後就去睡了。沒有情緒勒索，就這麼一句簡單的話而已。

雖然和三位前輩的互動一直很愉快，但時間久了我也覺察到，我的骨子裡十分渴望過著一種規律與可預期的生活，這個發現也是我始料未及的。如果不是曾經有過一段「不規律」與「不可預期」的日子，或許我也不會覺察到規律對我有多重要。經過一番掙扎，我決定和三位老師道別，同時也和我的浪漫情懷道別，在人生的分岔路上選擇從事助人的工作。

相信孩子的智慧

以現在身為母親的角度來看當時的我，那可真是令人膽顫心驚。但也因為自己走過，所以看到兒子、女兒在人生的分岔路上探索時，我才能安心地依循母親的典範，只是從旁看著、必要時提點一下，從不對孩子叨叨念念，以免他們因為我的吵鬧而分了心，做出違背內心的選擇。

如此我的兒子才能兜兜轉轉地去追逐音樂夢，進而從事網路與行銷工作，而現在他的收入相當穩定；女兒也體驗到，雖然自己喜歡勞動工作，但身體吃不消，現在已經能夠心甘情願地接受文職工作。

然而，經常會有家長問我，「真的可以不管嗎？萬一發生事情了怎麼辦？」我想，就是選擇相信吧！與其一直認為孩子會做出錯誤的選擇，我還寧可相信孩子會有智慧，能為自己選擇一條最好的道路。

但要做到真的很難，畢竟家長的工作就是保護孩子。不過，別忘了，家長還有另一項重要的工作，就是**激發孩子承擔自己人生的能力**。

試想游泳池畔的救生員，坐在高處看著泳池內的一舉一動，發現有人溺水了，他會跳下水把人救起來，護送到池邊休息，然後坐回去原本的高椅。你覺得那位救生員會不准剛剛溺水的人再次下水嗎？會一直對他叨叨念念嗎？還是會全身緊繃，直盯著那個人瞧？不會的。救生員只會在高椅上繼續坐著。而剛剛溺水的人，可以選擇留在池邊徘徊，也可以選擇面對挑戰再次回到水裡。

家長就像救生員一樣，只需要坐在高高的椅子上看著就好了。當然，你可以當個隨時處於緊繃狀態，拖地、整理雜物樣樣自己來的救生員。但如此事必躬親一定會累垮，等到真的碰到危機需要你出手相救時，你早就已經沒有力氣了。

以下就來談談，如何輕鬆教養不生氣。生活大小事只要全家一起動手，家長就能夠得到充分休息，若真的有事發生時，也會有最好的體力與智慧去處理危機。

不越俎代庖

有一天，我請女兒分裝冰箱裡醃好的肉片，放進冷凍庫，但隔天早上打開冰箱冷藏室，卻發現肉片還是原封不動地躺在裡面。我沒有主動跟女兒提這事，但下午傳了一支狗狗的影片給女兒看時，她才想起我要她幫忙的事情。

女兒趕緊回覆：「媽媽，對不起！QAQ（哭哭之意）昨天晚上我在趕今天下午要交的報告，結果忘記分裝肉片了……（跪），今天晚上我會把它分裝好！希望妳還沒弄 QAQ」

我寫道：「我忙著吃，還沒空裝呢！」

女兒說：「太好了……？等等，所以妳已經煮了？」

我說：「沒有！我忙著吃別的東西。」

女兒又說：「了解～那我晚上回家後就去分裝～」

你以為我的孩子天生就會分攤家事嗎？當然不是，那可是經過長長的訓練過程才會發生的事情。

孩子們還小的時候，我就告訴他們需要分攤做家事。我以他們能夠聽懂的語言為前提，說明我的能力有限，要賺錢養家、要寫博士論文，如果還要做家事的話，就等於我一個人做了三份工作，這會使得我很不快樂，身心很疲倦。如果他們能夠分攤家事，我們就可以有很多的時間相處和聊天，生活品質會比我一個人做所有家事來得好。用這種能夠引發他們體恤而不是給予罪惡感的方式邀請，我的孩子自然很願意做家事。

然而孩子們難免還是會有忘了的時候，碰到這種狀況，我還是選擇相信孩子們會負責任，只是晚了點但遲早會去做，所以並不會主動幫他做。不過，有時孩子並非故意，就是真的忘了，像是忘了把肉放進冷凍庫裡，最後肉就壞掉。這時我也不會大聲斥責，只會邀請他們一起來為那些壞掉的肉默哀，然後跟孩子討論，下次再遇到這種事，「你需要我幫忙嗎？」或是「需要我提醒你嗎？」

對我的孩子來說，他們知道我一個人做三份工作很辛苦，因此會把做家事當作自己的分內事來處理。如果他們分內的事被我做完了，那等於是媽媽放棄請他們分攤家事，這可是奇恥大辱。因為他們都覺得，照顧「要做三份工作的媽媽」，是他們的責任。

以下我整理出讓小孩分攤家事需要掌握的重點：

①讓孩子知道家長能力有限，需要他們分攤家事。

②要孩子樂於分攤家事，就不能用念的，也不企圖不引發對方的罪惡感，更不能得理不饒人地說「這本來就是你的工作」，否則只會造成反感。

③絕不能在他尚未動手前就自己先做完，再叨念孩子動作太慢。

④遇到事情「突槌」時，要保持幽默感，跟孩子一起想辦法來解決。

將欲歙之，必固張之；
將欲弱之，必固強之；

——《道德經》第三十六章

【釋義】

要將任何東西變小，一定要先讓它擴張；要把事物的力量削弱，必須先讓它膨脹。

結語

物極必反，放手讓孩子去嘗試，把事情做到極限，或許也能夠有所體悟，找到對自己最有利的道路。

課題 11

衝突不是壞事，是良藥。

我們家一直是由女兒負責廚房和地板的清潔，兒子負責洗衣服，家事分工清楚，家裡總是乾乾淨淨的很舒服。唯一困擾的是，女兒是個完美小姐，每次打掃一定要「深度清潔」才算大功告成。所以只要看到她火力全開，我和兒子就會緊張得瑟瑟發抖，因為可以想見最後的結果，就是女兒打掃到半夜覺得沒力了，希望我們幫她做完剩下的活兒。

但我跟兒子有自己的作息，不一定想在那個時間去做家務，可是看到女兒這麼累，如果推託著不馬上去做，她就會覺得委屈，抱怨說：「我都已經做那麼多了，只不過要你們幫一點忙也不行嗎？」為了不讓她感到委屈，我和兒子總是會停下手邊工作，勉強自己去做她交辦的事，或隔天早點起床，趁她還沒睡醒前快點做完。

有一天我覺得再這樣下去不行，於是趕在女兒下班回到家前，找了兒子商量策反大計。

我跟兒子說：「我是很樂意收拾她剩下來的活兒，但像是收納洗好的碗這件事，我就不想馬上做。不馬上收又不會死，我就是想等到工作、念書告一段落再來做。這樣交錯做事不僅可以當調劑，效率也會比較好。」

兒子說：「這我不敢講，畢竟她已經那麼辛苦了，如果我們還拖拖拉拉不馬上做，她一定會很傷心。」

我說：「可是如果不跟她講，我們只會一直積怨，遲早有一天會大爆炸。」

兒子擔憂地說：「可是這樣會有衝突。」

我告訴兒子：「為了我們所有人的福祉，衝突也是值得的。」

委婉的直接

當晚女兒下班之後，我們仨一起聊天、吃東西。女兒說老闆要她想一個廣告行銷策略，但她想出來的點子，不是被說沒創意，就是了無新意。說著說著，女兒突然改編了電影《冰雪奇緣》的主題曲，用英文唱著：「Miss perfect goes away」，意思是告訴她自己，不要再追求完美了，沒創意就沒創意，要去接受自己並非十項全能的人。

於是，我趕緊接著說：「就是嘛！就像媽媽把你們養那麼大，廚房也從來沒有像妳弄得那麼乾淨過，你們不也活得好好的嗎？所以我說，Miss perfect既然要goes away，那妳就不要再那麼拚命了吧？」

女兒反駁：「可是，你們會因為我的努力清潔而多活一年。」

我說：「但我們看到妳拚命打掃都很害怕，怕到可能因此少活了一年。」

眼見兒子很想腳底抹油開溜，我還是逼他留下來參與討論。

我接著繼續說：「我們都很謝謝妳的努力，但也想跟妳商量，妳要我們幫忙的工作，可以晚一點再做嗎？」

這時兒子才接口說：「我們都知道妳很辛苦，也知道這樣的要求會讓妳很委屈。但就是因為重視妳的感受，所以才會這麼正式地來跟妳一起討論、打商量。」

女兒想了想說：「理智上，我知道不用那麼拚命去打掃，那你們也就不需要幫我做剩下來的事了。我也知道你們很重視我，才會這麼小心翼翼地來跟我說。但我還是得承認這樣讓我很受傷，還好現在的我還有能力。可以先回房間打個坐，平靜一下心情。」接著女兒搞笑地用雙手結手印，再做個深呼吸，最後她開口：「好的，我接受你們的提議。」

人們總是害怕衝突，覺得不過只是個小小的不滿，不理它就算了，可是一天一天拖延下去，拖到最後事情已經多到結成理不清的大球時，才被迫不得不去處理。然而到了那個時候，引爆事件的始末與原委早已被淡忘，僅剩積累已久、模糊不清的不滿情緒。等到理智斷線，終於控制不住怒氣大爆炸時，只能憑著各自的記憶去指責對方，雞同鴨講下，最後就是一場洩恨與火上加油的對罵，而且往往是一發不可收拾。

有些不滿是值得用衝突去改善的。**只要護著對方的自尊心與認可對方的努力，用「我」開頭，陳述自己的願望給對方知道；只要彼此能保持理性，衝突不但不是壞事，反而有助於彼此更長久地生活在一起。**

大直若屈。

——《道德經》第四十五章

【釋義】

懂得何時該講真話外，也要說得委婉給人留餘地。

結語

只要能站在對方的立場多想想，保持理性對談，就算有衝突也只是通往長久平和的短暫過程。

課題 12

省話省事
將有處理不完的事。

這兩天讀了學生的家庭溝通報告。這次，我要求學生從他們日常生活裡發生的衝突來寫作，透過學生視角看家長的行為，有時都會讓我感到生氣。家長的行為有很多不合理之處，或許是因為他們有太過自動化的反應，或是內心上演過多的小劇場，未經討論就直接把結論丟給小孩、硬要他們接受。

其實我有時候也會犯這種毛病。就像昨天去聽一場很燒腦的演講，聽到第三個鐘頭時肚子就餓了，我想起自己做來送給 Ito、白教授、陳教授和張教授的低醣麵包，就在心裡盤算著：「白教授已經把我送他的麵包給吃掉了，所以要不回來；做給陳教授的，我答應要給他只是還沒給，所以不能吃掉；張教授坐太遠了，也拿不回來；Ito 才剛吃完午餐，人就坐我旁邊，所以跟 Ito 要麵包來吃最省事。」

但台上的人還在演講，沒辦法開口講話，於是我就跟 Ito 指了指他的麵包，用唇語說：「我好餓」，就把麵包拿回來吃掉了。看著 Ito 沒說什麼，我想他應該沒生氣，因為演講結束後，我倆還能在臉書訊息上打屁，當時我還寫說：「哈哈！我把送給你的麵包吃掉了。」卻沒有認真解釋，為什麼要吃了送給他的麵包。

然而，這是一個發生在朋友間的偶發事件，即使 Ito 覺得怪，也不致感到不舒服。但要是在家裡，那個像 Ito 一樣被當成「軟柿子」的人就會生氣了。

譬如媽媽要找個人去巷口買醬油，於是在內心計算著：「老大在做微積分作業，現在吵他不好，他會生氣；老公在上班，不曉得什麼時候才會回來，而且他老是忘記，結果只會讓我發脾氣；老二乖又不會頂嘴，找老二好了，以後再來補償他。」但老二接到買醬油的指令後只感到委屈，心想：「為什麼媽媽每次都找我去做事，不找哥哥、不找爸爸？」

為什麼媽媽總是「自動化」地找老二呢？因為老二「都」不會頂嘴。但媽媽也不是那麼沒良心，或許她正在心裡想著，過年的時候要買件新衣服來補償老二。可是老二並不知道媽媽的盤算，即使知道了，可能寧可不要新衣服只想要公平，就這樣心裡的不舒服持續累積，直到有一天全數爆發出來。

所以你說生活中的人際互動，是不是應該要念念分明呢？

媽媽要清楚自己為什麼總是找老二幫忙，也要清楚老二可能會有什麼樣的感受，更重要的是，要跟老二清楚說明、肯定他的貢獻，甚至問怎樣可以讓他舒服一點，而不是用自己的觀點去補償。

一時的省話省事，只是讓你暫時沒事，但是絕對會讓你以後有處理不完的事。

告訴他哪裡做對了

有一次學生在上傳作業的時候遇上突發狀況，她立刻留言給我說：「老師，我在幾年幾月幾日的時候已經上傳作業，但是上傳區顯示並無檔案。請問我要另外郵寄檔案給您嗎？還是請老師重新開一個作業區？或者只要在總報告裡面說明就好？」隨後還附上了一張螢幕截圖以資證明。

我回覆處理方式後，不忘稱讚她：「我覺得這件事妳處理得很棒！」

學生問說：「哦？有很特別嗎？」

我說：「我覺得妳處理得好的地方是：①妳會檢查成果，在狀況產生時就發現了問題。②妳會舉證。③妳會提出解決辦法供人選擇。」

學生說：「我從不曉得這是優點。」

我告訴她：「這是優點啊！試想妳等老師扣分之後才發現是上傳出了問題；試想妳沒有舉證的話，我還得自己去查看證據時的心情；試想妳沒主動提出解決方案時我對妳的看法，這些都顯示出妳真的做得很好。」

學生回答：「謝謝老師告訴我，我哪裡做對了。」

我接著又說：「那老師再給妳一個建議，就是下次有類似的情況發生時，妳可以再加上一句『不曉得老師還有沒有更好的處理方法？』這樣會讓老師覺得妳不是在規定他怎麼做，而是拋磚引玉、一起想解決辦法。」

通常我們都只告訴孩子哪裡做錯了，卻沒有告訴他哪裡做對了。**當我們告訴他哪裡做對時**，**就能讓他更了解自己的優點**、**增加自信**，除此之外還能增進家長與孩子的關係，往後給予的建議孩子也比較能聽得進去，不會覺得家長老是在挑毛病。

古之善為道者，非以明民，
將以愚之。

——《道德經》第六十五章

【釋義】

古之善於為道的人，不會教導人民巧智偽詐，而是教導人民敦厚樸實。

結語

別只在內心計算，也把考量的前因後果、對與錯都告訴孩子，以增加彼此的互信基礎。

課題 13

幫助孩子取得生活主控權。

有一次前立委高金素梅在總質詢時，請院長約束內閣閣員不要在備詢時批公文、滑手機，她強調這是對發言者最基本的尊重。無獨有偶地，美國言行研究專家克莉絲汀．波拉斯（Christine Porath），在TED演講「為什麼對你的同事好，生意會比較好」時，也提到在人家說話時玩手機，會讓說話的人覺得受辱，還會因此表現失常。

對於上述講話不被尊重的情況，身為一位老師尤其能夠感同身受。因為學生在課堂上滑手機，絕對會讓老師不舒服，而那種不被尊重的感覺，也的確會使教學的效能下降。

人都有軟弱的時候

然而，我能夠同理為什麼學生在課堂上會想要滑手機，有可能是老師授課內容無聊，也有可能學生就是習慣性地想滑。大家並沒有意識到，學生對手機的依戀與成癮，會對學習成效與師生之間的情誼造成影響。

本著對正念訓練有興趣，我和本校幾位教授都會定期聚會，討論如何幫助正在教育大學就讀，也就是未來的老師們定下心來學習，這麼做對未來他們在教學上也會有所幫助。討論過程中，我提到了我的教學改進策略，除了改進教學方式好讓學生們的注意力集中外，也請學生上課時把手機蓋起來。

然而其中有一名俄羅斯學生特別緊張，因為他隨時都需要用手機查字典。所以我跟學生說，需要用手機的人只要舉起手機，和我眼神對望，看到我點頭後就可以使用，使用完再蓋上即可。

以上的指示沒有責怪，也沒有不准使用手機的絕對限制，就是很單純地以一個幫助學生，避免失控的心，請學生照著做而已。作為家長或老師，我們並非只是下指令而已，同時**還需要使用有創意的策略，在孩子失控的時候幫助他們抓回生活的主控權**。

再以我和女兒為例，長久以來我們都有互助成長的習慣。像是她讀高三的時候，每次刷牙總是忘記把牙膏的蓋子蓋回去，當時我跟她說：「我知道壓力很大的時候，很容易忘記這種小事，但滴下來的牙膏留在玻璃上，會讓清理變得更困難。妳要準備大考，又要花時間清理實在很費力氣，妳覺得我要怎麼做才可以幫妳記得？」女兒告訴我，罰她沒有低醣便當可以吃、讓她變胖，會比扣零用錢來得有用許多。過沒多久，這個問題也就消失了。

最近女兒下班回家，也會失控拚命滑手機，導致睡眠嚴重不足。幸而我們有這個互助成長的習慣，所以現在她會把手機交給我或是哥哥，請我們幫忙保管，讓她拿不到手機。

有時候人的意志力真的是不足以戰勝誘惑。意識到可能會失控的時候，好比一直想滑手機時，承認自己的軟弱、請別人幫忙，會比一個人靠意志力硬撐，然後又忍不住、崩潰，最後放棄要好得多。而被請求幫忙的人也要忍耐、勒住自己的舌頭，不要碎念，不要去說一些其實對方理性上也知道的事情，只要溫和而堅定地去幫忙他就好了。

因為意志力不足，以致失去生活的主控權，並不是什麼丟臉的事，這時能運用策略，願意開口請人幫忙約束才是最珍貴的。

相信孩子能做到

有一次偶然在路上遇到同事，我好奇問她：「妳兒子最近怎麼樣了？記得上次碰到妳的時候，妳說擔心他太投入網球隊活動影響功課表現。」

同事說：「現在剛好相反，我倒是覺得他太不投入了。」

我問：「怎麼說呢？」

她回答：「他現在就一副愛去不去的樣子，讓我很頭痛，既然已經承諾去做一件事了，就應該好好地去做啊！」

我同理她說：「真的是孩子太投入很煩惱，不投入也很煩惱。」

她接著說：「就像孩子不聽話很煩惱，太聽話也煩惱一樣。」

於是我們開始玩起接龍：「孩子平庸很煩惱，孩子太優秀也煩惱；孩子沒有對象很煩惱，孩子有對象也煩惱；孩子太天真很煩惱，孩子想太多也煩惱；生意不好很煩惱，生意太好也煩惱。」

同事嘆了口氣，說：「唉！可不可以不要時時刻刻都在煩惱啊？」

我問她：「妳跟兒子談過了嗎？」

同事說：「談過了。他說打了一陣子網球後，發現那不是他的興趣。我懷疑他是因為打不贏，才會變得意興闌珊，但他矢口否認。」

我說：「既然他都這麼說了，與其一直煩惱，還不如就相信他吧！相信他會做出最好的決定。況且，無論他說的是真是假，在他沒有準備好的時候戳破他、挑戰他，不見得會讓事情變更好。我想，還是相信他吧。」

相信就能讓孩子做出最好的決定嗎？在一次需要早起演講的經驗就讓我體會到相信的威力。當天我很擔心睡過頭，再加上我自己是個大路痴，十分擔心會遲到。然而擔心一件尚未發生的事情讓我的心很累，我決定要對自己有信心，在前一天睡覺前用手摸著胸口，以全然相信且誠懇的態度對身體說：「我明天早上六點三十分要起床。麻煩你了！」

早上我眼睛張開，看到手機上顯示的時間是六點二十八分。

我選擇相信我的身體，而我的身體也用事實來證明它是可以信任的。

治大國，若烹小鮮。

——《道德經》第六十章

【釋義】

治理國家大事不要擾民，要像煎魚一樣，煎到熟了才能翻面再煎。

結語

無須庸人自擾，也不過度介入孩子的生活，相信他的選擇，而他也值得你相信。

課題
14

站到另一張桌子上學習。

和女兒聊天，我問她：「對於國父革命十一次這件事，我有些不解耶。你要幹掉對方，不是應該有十足把握才去突襲嗎？否則就只是在『通知』對方說：『我要幹掉你了喔！』」

女兒說：「國父革命沒那麼多次啦，那都是後人加上去的。」

我大驚：「蛤？所以我們被騙了？」

女兒笑說：「怎麼突然有這個疑問呢？」

對啊，為什麼是現在有這個疑問呢？為什麼不是在二十年前、十年前或五年前呢？女兒的問題讓我想起一個現象——共振。

交大白曛綾教授曾轉發一支影片，桌子上有三十二個節拍器各自搖擺。過了一段時間後，各個節拍器搖擺的方向漸趨一致，最後連頻率都統一了。這支影片引起老師們的熱烈討論，有人發現這是因為，這三十二個節拍器在搖擺的同時也搖晃了承載它們的桌子，桌子的搖晃又同步了這三十二個節拍器，才會造成最後節拍器的頻率變得一致。

我跟女兒說：「或許是我小學讀到這段歷史時，我就像是被放在課本那張大桌子上的節拍器，那個與其他人一起搖擺的頻率力量太大了，加上當時年紀還小，沒有能力思考或違抗這一致性的想法，因此沒辦法提出任何質疑。但因為妳讀歷史系的關係，經常會把我放在另一個『凡事需考據』的大桌子上，跟著妳一起思考。就這樣搖擺晃了兩年多，現在的我也蓄積了足夠的能量，可以和妳一樣有能力去看到歷史不合理的地方，並且質疑它、驗證它。」

為了擴展人生更多的可能性，我們應該要容許自己、容許孩子，跳到另一個桌子上去互動、體驗。畢竟這是一個多元的社會，如果你只有單一的想法，很快就會被社會快速的變遷給淘汰了。但要是你能跳到另外一張桌子上，去和不同的人相處，傾聽他們的聲音，你就比較容易因為了解而跟他們節拍一致，溝通起來也會變得容易許多。這時候，即使你提出和別人不同的想法，也會因為在同一張桌子上共振，而有共同的語言可以影響他人。

與其不准，不如討論

把共振這個概念放到親子互動中，就能把孩子想要交新朋友、想要出去打工當作是好事。雖然你擔心他可能會因此「變壞」，但不要忘記，**要成為一個能夠適應社會變遷的人，就必須具備多元的思考能力，也必須得先在不同的「桌子」上與其他人互動。**

阻止孩子到其他人的桌上互動，可能會暫時讓他變「乖」，但是未來他適應社會變遷的能力上就會比較差。他也可能會產生抗拒，拒絕和你共處在同一張桌子上，那時你連可以影響他的機會也沒有了。

舉例來說，已經成年的子女要去夜店，可不可以？要知道他是自由的個體，事實上沒有「准不准」這件事，你不准他還是可能會偷跑去。既然如此，還不如跟他討論，取得共同的頻率，告訴他去夜店可能會發生什麼讓你擔心的事，並且提供他遇到緊急狀況時該如何處理的意見。

這樣一來，當他站上「夜店」那張大桌子的時候，不僅有機會看到夜生活、擴展眼界，也不至於被搖晃到昏了頭，連搖頭丸都拿來體驗一下。反之，不准他去，那是連討論的機會都沒有，也就不會有一個力量幫他在激情與好奇時踩住煞車。

不要怕孩子到另一張桌子上與他人一起搖晃。這能夠讓你、讓孩子增長見識，也提升了適應社會變遷與溝通的能力。

為將來做準備

女兒昨晚回家後，一邊煮著紅豆湯一邊跟我說，她要去幫男友拍作業。我問她為何煮紅豆湯，她回答今天是冬至，要煮紅豆湯跟湯圓，送去給學弟妹。我想起阿公交代她不要太忙，就跟她說：「妳真了不起，功課都這麼忙了，還可以把男朋友的作業和學弟妹們照顧得那麼好。但我希望妳可以再多照顧自己的身體一點，這樣皮膚才會美美的。」

女兒回答我說：「媽媽妳真好，換做是別人的媽媽，可能早就罵死了。」我說：「以後出去工作不也是這樣嗎？妳得在工作、朋友、家庭間忙來忙去，不過前提就是要照顧好自己。既然妳現在已經可以開始練習，而且還做得很好，我為什麼要罵妳呢？我只是就我看到的，跟妳說可以多照顧自己一點而已，如果能這樣那就更圓滿了。」

其實我跟所有的家長都一樣，擔心孩子太忙，以致沒有照顧好自己的身體、功課。然而如果只顧著講出自己的擔心，一味地對孩子說：「這樣把身體都搞壞了，再成功也沒用。」就像業務員要賣東西給別人時，只顧著講產品有多好，卻沒有考慮到對方的需要、感受與立場，這樣的行銷方式是很難成功的。

因此我的做法是，我會在對孩子表達期待與關切的同時，不忘先肯定他的成就，讓孩子知道人的角色很多元，從現在開始隨時隨地都可以練習，不需要等待畢業之後。當孩子能把多個角色扮演好時，家長自然要給他拍拍手，但要是孩子沒能把自己照顧好，那就是表示他還有再努力的空間。

對孩子的期待並不需要壓抑、忍著不說，但說的時候最好用加分法來陳述。好比我先同理他、肯定他的努力與貢獻，說明我知道他在做什麼，而且認可他做的事情是有意義的，之後才說出我對他的期待，而且是從他的角度出發，讓他也能認同我的期待。

太上，不知有之。

——《道德經》第十七章

【釋義】

最好的君王是處理了許多國家大事，人民卻不知他做了什麼。

結語

家長對孩子最好的管理就是無為，讓他們從自然的嘗試中去發展茁壯。

課題 15

當愛情來敲門。

我二十歲前就抽菸、交男朋友，二十歲以後才彷彿大夢初醒，步上世人所認同的「正途」，一路從大學念到碩士、博士，最後當上大學教師。好幾位母親看了文章後，紛紛私訊我，說我的那些不良紀錄，讓她們重燃對自己孩子的信心，希望我能夠進一步分享那些「改邪歸正」的契機與歷程。

事實上，如果沒有那段荒唐的歲月，也就不會有現在的我，因此我承諾媽媽們，會就她們最關切的部分來分享個人經驗與看法。現在就來談談，家長最擔心的：「孩子談戀愛好嗎？」

只在超過的時候提點

我自己大概是從國中就開始談戀愛。當時我的功課不好，但是人際關係還不錯，和我在一起的人都覺得我很有趣，而那也是少數可以讓我覺得自己有價值的時候。況且談戀愛就好像吸毒一樣，基本上你愛的不是那個人，而是享受動情激素流竄全身的興奮感。

因為當時年紀還小，不清楚自己為什麼想戀愛，也搞不清楚是為了喜歡、愛，還是只想證明自己很厲害，所以交往沒多久就會覺得「不合適」而跟對方分手，造成別人的傷害，或者是莫名其妙地「被分手」。

然而不管誰先提分手，從以往那些屢戰屢敗的戀愛經驗中，我學會了幾個要點：

①如果沒有真的愛上或喜歡人家，千萬不要因為對方鍥而不捨地追求，或因為對方的良好條件就跟人家在一起。這只會讓你覺得自己很糟糕。

②「愛」是動情激素，很快就會褪去。就算當初愛得死去活來，褪了就是褪了，再勉強也沒有用。如果你說不出為何要跟對方在一起，只是覺得「想在一起」就在一起，等到有天動情激素不再，你也有可能會因為「不想再在一起」而分手。

③千萬不要把「愛」和「犧牲」綁在一起。為愛所做的犧牲，最後都會以一種奇妙的方式去跟對方要回來。

④如果在一起是因為欣賞對方具有的美好特質，關係就比較能長久維持。

在我透過愛情學習成長的路上，我的媽媽及去念東吳大學社工系的這個選擇，都幫了很大的忙。媽媽向來不禁止我交男朋友，她知道反正人只要一談戀愛，就會啟動動情激素，八匹馬都拉不回來，所以她不會限制我外出或是出言阻止，反而像是打太極一樣，借力使力，只會在覺得我有些「超過」的時候提醒而已。

譬如我真正第一位長時間交往的男朋友年紀比我大很多，對我也相當忍讓。每次看到我對男友講話很凶時，媽媽就會說：「我覺得妳罵他，好像在罵小孩。」讓我覺察到兩個人的相處，不能用動物本能去爭吵，也不要只想用道理去壓死對方，這樣只會檯面上好像贏了顏面，但私底下卻輸了感情。當時要是沒有媽媽的提點，我可能看不到自己的這一個缺點。

去念東吳大學社工系，則是正式終結我繽紛戀愛史的主要因素。因為念社工得不斷地自我探索，讓我意識到自己交男朋友的動機，多半是因為不想面對自己不夠優秀的想法，或是期待對方很優秀來填補自己做不到的缺憾。一旦覺察到自己的起心動念，我就不再像吸毒似地企圖用戀愛來填補自己的不足，往後我想要什麼就自己來，不再期待別人來滿足我。

否則，如果你愛的是人家的錢，萬一有天他生病了，不能再賺那麼多的錢時，你還會愛他嗎？如果你愛他，是因為他對你百般呵護，但萬一有天他連自己都照顧不來，再也無法對你無微不至時，你還會愛他嗎？

趁機陪伴孩子學習人生

只是即便有了母親的引導和就讀社工系時的自我探索，透過愛情來學習人生的課題卻仍繼續上演。我和前夫從大學二年級開始交往時，就是人人稱羨的神仙眷侶，畢竟我身經百戰，懂得許多伴侶間的相處之道，但即便如此，我還是有很多事情需要學習。

像是我篤信伴侶之間，彼此都要全力支持與信任對方，但這樣的信念讓我忘記要去觀察細節與大局，也讓我沒能看清大難將至。前夫在幾次的期貨投資獲利後，對自己信心大增，開始向銀行借錢。當時我在大學工作，金融信用指數高，所以前夫貸款需要有人簽字時，那個人一定是我。即便我心中有著不安，卻也擔心如果不簽的話，我就會變成一個只能有福同享，有難卻不能同當的伴侶。後來前夫果然輸掉了幾千萬，為了保全我和孩子的安全，我堅持離了婚。

然而都已經這麼慘了，我還是沒有學乖。和前夫離婚後還是好朋友，前一陣子看他被追債追得很慘，於心不忍幫他還了錢，但結果並不怎麼好。兒子見狀對我說：「這樣也好啦，妳就是得這樣很多次才學得會。」可見人得要被「電」很多次才學得會！

但如果只是因為害怕受傷而不去經歷，就像是看台上的人打得頭破血流，自己只是坐在台下一邊吃爆玉米花一邊用手指指點點而已，那又能學到什麼呢？

所以，從自身的經歷，我知道愛情來了八匹馬都拉不住，與其禁止，還不如借力使力，讓愛情成為孩子成長的動力。

如果你發現孩子開始談戀愛了，首先要恭喜你，你的孩子深諳社會心理學人際關係吸引之道、是個有魅力的人。也是在學習社會心理學之後，我才知道，能吸引他人追求或能讓對方投入一段關係中的人，只要了解自己的優勢，就能輕易地將這優勢轉化，用在工作職場上。像我的學生在課堂上比較不會打瞌睡，的確和我知道要如何吸引人的這個優勢有關。

再者，當你看到孩子談戀愛時，可以先問問自己究竟在擔心什麼，針對這些擔心來回應。是擔心自己太早變阿公、阿嬤嗎？是擔心孩子因為性的關係惹上麻煩嗎？如果是，先跟孩子談安全性行為的重要，也讓孩子知道十八歲以前的性行為是要負法律責任的。而且作為監護人，孩子犯法，家長也要負連帶責任，因此一定要講清楚，不可閃躲或遮遮掩掩地說不出口。

善用愛情的美妙助力

除了年齡以外，也要提醒孩子不要踩到法律紅線，像是在刑法中，妨害性自主是犯法的。所以不要就是不要；沒有清楚地說要，也是不要。那種「我以為你要、我以為你欲擒故縱、你又沒說你不要」等自以為是的以為，就代表著雙方在認知上有很大的差異。除此之外，也要讓孩子知道在心理還沒準備好的情況下發生的性行為，對身心會有很大的傷害。

至於，擔心談戀愛會影響功課，這種還沒有發生就先指控的事，孩子是會不服氣的。不妨先觀察交往後的結果，是否真的影響到孩子的學業成績，再來決定要怎麼做。我念大學時都和前夫一起讀書，功課超好的；我兒子不愛整理房間，但有次我出國前只是和他女朋友小兔兔說：「乖乖顧家，不要把房子給毀了。」沒想到回國之後，發現小兔兔押著我兒子，把家裡打掃得一閃一閃亮晶晶，乾淨無比。所以，孩子談戀愛，在我家是助力不是阻力。

國中生或高中生的自我管理能力或許沒那麼好，家長也會有更多的擔心。但我仍然主張，愛情來了，與其禁止，還不如接受與包容地想：「我的孩子長大了。」開誠布公地和孩子們談或歡迎對方來家裡讀書，要求他們待在房裡時不要關門，這樣你就不會很快當阿公、阿嬤，也可以隨時掌握狀況。

禁止已經在發生中的愛情，只會讓孩子和你對抗、說謊、躲藏，還要應付自己的罪惡感、應付自己愛與慾的糾纏，只會讓孩子更加分心與筋疲力盡。因此，**與其禁止，不如接受愛情就是來了，何況這還是一個可以帶領孩子成長的好機會。**

天地不仁，以萬物為芻狗；
聖人不仁，以百姓為芻狗。

——《道德經》第五章

【釋義】

天地無私，萬物與草狗一視同仁；聖人對待百姓也一樣，不會有差別之心。

結語

一切順其自然發展，該來的會來，該走的也會走。

課題 16

愛在付出時，就得到回報。

兒子交了一個女朋友叫小兔兔。他們剛開始交往的時候，我完全看不懂兩人的互動模式。那時小兔兔身兼兩份工作，所以每天晚上大概七點多兒子就會開始煮飯，等飯煮好了、時間差不多，就開車去接小兔兔回家吃飯。回家後，小兔兔去洗手，兒子會利用這段時間把食物端上桌。然後就一邊吃飯一邊聊天，吃飽了，兒子再送小兔兔去上班。之後兒子回到家，會一邊哼著歌一邊收拾桌上的殘局，如此日復一日好幾個月。他們的相處，就是那每天短短不到一個小時的用餐時間。

我問兒子不覺得這樣的交往模式很辛苦嗎？兒子回答我說：「這就是享受啊！我們就是用這樣的方式在享受生活！」

後來我好像也能看懂了。原來每天晚上兒子準備做飯時，就已經沉浸在和小兔兔的關係中，可以煮東西給小兔兔吃讓他覺得很開心，何況吃飯和接送小兔兔時還可以聊天，如此愉悅的心情直到收拾餐桌時也延續著。

我從兒子和小兔兔的相處中看到：愛就在付出之時收到了回報；愛就在付出之時確定我愛你。再回頭看我自己與家人、伴侶、孩子的關係，亦皆是如此。**付出時所收到的愛，要比等待別人付出更滿足，這是一種完成了什麼，一種自己有能力，更是一種彼此相屬的感受。**

靜觀情緒來去

只不過身為一個母親，看到子女們投入一段感情中，難免會產生微妙的心理感受。有一次兒子進我房間搬走燙衣板。

當時我想：「他拿燙衣板做什麼？他從來不燙衣服的呀。」

然後，他又從置物櫃中拿出熨斗。

我又想：「他絕對是要燙衣服了。但他為什麼需要燙衣服呢？」

最後，兒子拿出一件小小的衣服燙了起來。

我恍然大悟：「啊！他在幫小兔兔燙 T-shirt！」

就在此時，我感到內心有一團莫名的情緒在升起，是生氣嗎？是嫉妒嗎？正念訓練告訴我，情緒來的時候要是一直和自己對話，就會在生氣或嫉妒的神經路徑裡無限迴圈。所以單純地去觀察那團情緒就好，或者給它一個名字，去觀察它的樣貌，不必在內心上演小劇場，也別自我衍生可能不是事實的想法。

出門工作前經過兒子的房間，我瞥見小兔兔在對帳。我聞到房裡飄著香香的味道；我看到我家洗手間有著如五星級廁所的整齊清潔。然而胸中的那一團情緒還在，我決定靜靜地陪伴內心的生氣與嫉妒。後來，因為上課談到了性別平等議題，腦袋跳到別的神經路徑上，這才跳脫了一直盤踞在我內心的情緒糾纏。

我的心裡浮現了一個念頭：「如果今天是女兒的男朋友在幫她燙衣服，我的感覺是什麼？如果今天是小兔兔幫我兒子燙衣服，我的感覺又是什麼？」

慢慢地，我的理性回來了：兒子認識小兔兔後，我們家變乾淨了；兒子和小兔兔在一起很快樂；兒子認識小兔兔後，變成一個更好的人了。然後我問我自己：「兒子幫小兔兔燙衣服是問題嗎？不是什麼問題。只是……為什麼兒子從不幫我燙衣服？那是因為，我也不需要他幫我燙衣服啊！因為我的衣服都是不需要燙的。」

當天回到家後，我問兒子：「你可以幫我去買豆腐嗎？」

兒子說：「只要妳吩咐，有什麼問題！」

雖然兒子不會幫我燙衣服，可是他會幫我買豆腐。

什麼事情都沒有發生，也沒有人說什麼，這趟嫉妒之旅就這樣悄悄地結束了。

水善利萬物而不爭，
處眾人之所惡，故幾於道。

——《道德經》第八章

【釋義】

水滋潤萬物而不與之相爭，自願處於眾人厭惡的卑下之地，所以最接近「道」的境界。

結語

處事應該像水一般的包容與柔軟，利萬物而不居功，甘居下風而不嫉妒。

不需要汲汲營營地去討好全世界才能擁有愛，
光是存在本身就有意義，
無論怎麼樣的存在都是好的。
你不需要像別人，
做自己就可以了。

11 心法

孩子長大之後呢？

給媽媽回歸自我、更珍惜自己的 11 個心法

心法01

脫掉媽媽的外衣。

意識到我的一雙兒女都能夠在職業生涯獨立自主後，我對他們宣布，請在半年內搬出我的住處。

我的信念是，孩子一定得離家獨立生活。

只要和我住在一起，生活就有人照應，心情不好只要打開門就有人可以說話。我必須讓他們離開媽媽的羽翼，自己去面對生活上的微型壓力。畢竟生活不是非得出什麼大事才會讓人痛苦，而是各種雜沓而來的小事，好比：老闆盯工作、小孩哭、伴侶吵、冰箱沒牛奶、衣服沒時間洗，這些所有加總起來的痛苦。若是他們等到結婚才搬出去，可能隨便一根稻草都會壓垮才剛開始磨合的兩個人。

這個決定反而讓兒女們為我擔心。因為我一向跟家人同住，婚前與爸媽住，婚姻存續期間跟先生住，離婚後跟孩子住，而我人生中適應最不良的狀況，就是家人不在身邊的時候，像是出國，無論時間長短，我的身心狀態就會很糟。

兒女提出對我的擔心後，一度也讓我自己怕了起來，心裡想著：「當我不是媽媽以後，那我是誰？有一天我退休不再是老師以後，那我是誰？難道我非得讓孩子搬出去嗎？家人不能一直住在一起彼此支持嗎？」

女兒把她貼在自己門上的一段話傳給我：

可以用如下的方式來測驗你是在幫助人還是在傷害人：
你幫助別人的結果，被幫助的人是長大還是縮小了？

——與神對話（p.298）

你給人最大的禮物就是讓他有能力不需要——他不為任何事需要你。

——與神對話（p.298）

從上述這兩段話，我知道請孩子在半年內搬出去的決定是對的。接下來我要面對的，只有脫下媽媽的外衣會覺得冷的問題了。

我們每個人來到這個世界時，就是光溜溜的一個人，根本沒有任何的外衣，是後來才披上兒女的外衣、學生的外衣、配偶的外衣、職業的外衣。穿太久了，外衣和皮膚黏在一起，才會誤以為外衣就是我，而我就是外衣。

女兒最終支持了我的決定，她說：「雖然我會想念有媽媽相依的日子，但是我願意還給妳身為一個獨立靈魂的權力。」

心法 02

人生為何而活？

有次和一位姐妹敘舊，問起了彼此兒女的近況。

我說我女兒前陣子看了網路新聞說，冷氣機太久沒做深度清洗，裡面會變成動畫《風之谷》裡的孢子森林。為了省錢，她就拿自己的冷氣做實驗，沒想到拆下來清洗後裝不回去，卯足了勁，一連好幾天都在搞這件事情，整個人身心疲累不堪。

後來，她去法鼓山上密集禪訓班，回家後我問她狀況如何？女兒回答：「別人打坐打瞌睡，最多是微風徐徐吹過，輕輕點頭；我是像颱風撼動大樹，東倒西歪。」我一邊和姐妹講一邊回想女兒表演的樣子，還是笑個不停。

姐妹若有所思地說：「會不會是因爲我眼睛看到的事情和妳不一樣，所以妳家好好笑，但我家就不好玩？」

我問：「為什麼這麼說呢？」

姐妹說：「因為像這種事我就不會覺得好笑。基本上，我們家不會去講這種事，也覺得這沒什麼好講的。可是妳就會覺得好好笑，而且還是全家都笑在一起。」

我問：「要不然你們家都講什麼？」

姐妹想想：「就講事情吧？要是真的有發生什麼事，我們就給小孩子建議，沒事的話就做自己的事。現在小孩也不太講自己的事，所以也沒什麼共同話題。」

我說：「我了解了。那妳覺得為什麼妳家不想講這種好笑的事？」

姐妹說：「就大家不會覺得好笑，也不知道講這個是要幹嘛？還是講這種好笑的事，是有什麼目的？」

我想了想說：「或許這是因為，我們兩家對於人生為何而來有不同的定義。」

姐妹說：「有這麼嚴重嗎？」

我說：「可能我們家的人覺得，人來這世界就是享受、來玩、來經歷、來體驗的，所以覺得這種小小好笑的事就很可以講。」

姐妹說：「那我們家呢？」

我反問：「那就要先說說看，你們家覺得生活是為了什麼？」

姐妹說：「怎麼忽然這麼嚴肅起來。我們家就是多賺點錢、過上好生活，有錢老了可以養老退休……」

我接著問：「所以生活好不好笑、好不好玩，就沒有關係了？」

姐妹嘆了一口氣：「難怪妳家好玩，我家不好玩。原來不完全是因為妳家人比較有幽默感，而是我們對人究竟為何而來的認知不同。」

其實這個議題值得每個人好好思考，也值得家人間彼此好好交流。尤其在這物質世界中，生存早已是件大事，但卻也常大到讓我們忘記去思考，我們為何而做、又為何而活？家人間若因彼此的歧異而產生不愉快，或許在了解彼此人生的定義後會有化解的機會。

沒有好壞，隨遇而安

至於要過怎樣的人生，就完全是個人的選擇，無論是家長對子女或子女對家長，沒有人可以代替對方做決定。

最近兒子在幫公司拍宣傳片、架網站、衝點閱率，因此對網路行銷相當有心得。他看到我的授課內容算是有趣，也常看到朋友或學生來家裡找我諮詢，覺得我在引導對方成長的過程很有意義，於是提議我做網路課程，幫助一些需要的人，順便也幫我累積點養老金。

我跟他說：「我很需要安靜的生活。人有名氣就有負擔，肩上的責任也會越大，況且那些錢我也不知道要拿來幹什麼。我現在有地方住，也很少旅行，吃的東西更是一點點就夠了，如果哪天得到癌症我就不治了，也早就簽好了『預立醫療決定書』，昏迷六個月你們就非得讓我走不可，所以賺錢對我的誘因不大。至於要助人成長，我認為寫文章和在大學教書就很足夠，我認為自己已對世界盡了本分，除非你和妹妹期望我多賺一些錢留給你們。」

兒子說：「媽媽留不留錢給我們不重要，最重要的是按照妳自己的心意。妳有多賺用不完的錢留給我們，那很好；妳不想多賺、不留錢給我們，那也很好。無論妳做哪一個決定，只不過是為我和妹妹的生活增添一些變數而已，留有留的際遇，沒留有沒留的際遇，沒有好壞之分。」

我說：「說得也是。有的人因為長輩留了錢，多了一些選擇或因此賺更多的錢、豐富了人生；卻也有人因為長輩的錢而變懶、沒有動力，或是植下了惡的種子；或許有的人因為沒有遺產，只能在原本的領域裡深度耕耘，反而能夠專心一志而成大器。所以留或不留遺產的確沒有好壞之分，只是改變了際遇而已。」

既然什麼都好，那我就隨緣盡分吧！

心法 03

接受自己的樣子。

社交媒體上跳出了美國知名作家、電視節目主持人安東尼·波登（Anthony Bourdain）自殺的文章，雖然距離他過世已經有段時間了。

我所學的正念派別向來強調對憂鬱症的預防。雖然當初我並沒有特別要選哪個派別，但機會來了我就去，學了以後我才知道為什麼我前夫的爸爸、前夫的阿公都有憂鬱症，為何我女兒未步入他們的後塵，來個憂鬱症大爆發。

透過專業訓練，我知道我的孩子可能會遺傳前夫家的憂鬱基因。所以從孩子懂事開始，我就讓他們知道，自殺念頭是腦部化學物質分泌產生問題所致，也常對他們說：「如果有一天你想自殺，沒問題，回來跟媽媽說一聲再去。」因此孩子們接收到的訊息是，他們不需要對自己的念頭有罪惡感，念頭就只是個念頭而已。

女兒讀高三的時候考試壓力很大，加上有段時間，整個社會因為捷運隨機殺人事件充滿了恐懼的氣氛。有一天，她在壓力爆表的情況下，進入充滿負能量的捷運站，突然興起人生好苦、都在考試、都在被評斷的想法，萌生「死了就不會有這些苦」的念頭。

看著捷運軌道，女兒一度想著：「跳下去吧！」但與此同時，又有一個從小聽到大的聲音出現，告訴她：「如果有一天妳想自殺，沒問題，回來跟媽媽說一聲再去。」於是她立刻轉念：「不行！我一定要回家跟媽媽說一下！」

當天女兒回到家，打開門，我正在客廳摺衣服。女兒說：「媽媽，好可怕！剛剛我差點就在捷運站跳軌了。」接著她唧唧呱呱敘述了整個過程。

我一邊聽著一邊點頭，說：「好驚險啊！好在妳記得媽媽的話，謝謝妳。」她說完後，我只問她餓不餓，然後招呼她一起吃晚餐又聊了聊天。

這件事就這樣結束了，女兒也繼續過著她的生活。

然而，如果當時我跟她說：

「妳怎麼可以想死？妳到底有沒有想到我？」

「妳怎麼這麼玻璃心？」

那女兒又會怎樣？我想，她可能會對自己有想死的念頭感到愧疚，然後更加肯定自己不值得活在這個世界上，甚至引發更多過去認為自己不夠好的回憶，於是原本只是一個想死的「念頭」，卻在心理向下螺旋的慣性中不斷沉淪，於是就可能真的跳下去了。

我對於人一直抱持著「沒有一定要怎樣」的信念。就讓孩子去做她想做的事，即使暫時走偏了、有些極端，也都是「擦玻璃」的過程。只要再過一陣子，玻璃被擦到多露出了點光，她自然就會去調整。在她身邊的我能做的事，就是陪伴、接納、探詢而已。

這也就是為什麼，當女兒想要用行動結束痛苦時，會想到完全接納她的媽媽，而想死的念頭也就止息了。

看到完全接納她的我，她想起自己其實沒有那麼糟、生活沒有那麼壞。

即使不完美也有人愛著，不管她是什麼樣子，也不需要再多做什麼，無論如何她都是值得活在世界上的個體。所以，在每個人的生命中，都需要有一個能完全接受自己原本樣子的旁人。

當然，如果你能夠成為一個完全接受自己的人，那就更好了。

太棒了，我以我為榮

行有餘力，你可以成為聖經所說的「牠們不撒種、不收割，也不收集在倉庫裡，你們的天父尚且養活牠們；難道你們不比飛鳥更重要嗎？」的人，完全接納他人有自己的樣子，支持你身邊的人能自在地活在世界上。

每個人都有每個人自己的樣子，就像兒子選擇退學轉跑道，勇敢走上自己的路。沒有依照社會期待做事的他，其實也承受著很多壓力，不斷夢到有人指責他沒念完大學，使得他就算從軍中放假回來也不敢休息，拚命練吉他，彈到手指都破了，還很焦慮自己努力不夠。

那時我跟兒子說：「有沒有大學畢業根本不重要。像我就從來不知道，那位服務好到爆、一流的房屋仲介，是哪間學校畢業的。要不是他主動跟我說他不愛讀書，我也無法分辨他是大學畢業？沒有畢業？還是高中畢業？」

我還跟他說：「你和妹妹兩個人的EQ都很好，語言能力也不錯，進退應對也很得體。媽媽已經幫你們打好基本功，只要願意，想在社會上混口飯吃絕對不會有問題，所以還有什麼好擔心的？」

然而即使這麼說，孩子的臉上還是刻著「擔心」兩個字，我了解到，他們的擔心不是來自生存，而是來自於和別人的比較。於是我告訴他：「和別人比是永無止境的大洞，再怎麼比也比不完。」

我舉了個例子：「有一次我和一位上市公司的老闆聊天，他談到每次和其他財團的老闆談話時，就覺得自己好渺小。就算他在社會上已經有相當好的評價，還是會覺得自己不夠好。所以想讓每個人都看得起你，是不可能的，因為永遠都會有人覺得你不夠好，因為你沒有照他的意思去活。如果你一直都和別人在比，想讓所有的人都看得起你、愛你，那注定是不安的。」

我繼續說：「這個道理大家都懂，只是不知道怎麼做。現在我只要你做好一件事，就是『和自己比』。每天早上起床，設下今天合理的目標。只要做到了，你就有義務對自己說：『我覺得我很棒。』否則你和永遠都覺得別人不夠好的人有什麼兩樣？你像個酷吏一樣鞭打自己的心，不管怎麼做都會覺得不夠滿意、不夠好、做得不夠，但你的心和你的身體究竟是為誰而活呢？」

然而，要擺脫想像中的責難和期待是不容易的。因為不快樂，會讓自己覺得無處可逃而陷入憂鬱，身體也會想辦法讓你得到各種疾病，以期早日離開人世來逃避不快樂。而要跳脫憂鬱這個世紀黑死病，最有效的方法就是，每天早上設下合理的目標，只要做到了，就對自己說：「嘿！我好棒！我以我自己為榮！」

心法 04

成為彼此的啦啦隊。

在擬定年度計畫時出現了困擾，我想要做的事情太多，多到內心塞不下去。就像幼兒手上有太多玩具，這個也想玩，那個也想玩，沒辦法做決定，於是忙著發脾氣，什麼事都做不了。

我決定找兒子、女兒一起聊聊，釐清心裡那團毛線。我把內心想要做的事情先條列出來：

①把臉書文章集結成冊。

②透過網路學 NAET 南式療法[4]。

③把正念學好。

④把紫微斗數學得更精。

⑤把手上的論文寫完。

看了我的願望清單後，女兒率先問我：「妳的紫微斗數命盤有解釋妳目前的困擾嗎？」

我回答：「流年命盤顯示，我的福德宮武曲化祿、貪狼化權。我的心像匹狼一樣，這個想要那個也想要，但仍然得透過苦幹實幹、腳踏實地才能有所獲益。因此，我還是得選一樣來苦幹實幹。」

女兒說：「看來妳有答案了。」

我苦惱地說：「問題就是，要選哪一樣來苦幹實幹呢？」

女兒說：「放在臉書的文章又不會跑掉。」

4 一種能量治過敏法。

我說：「但或許我明年就會死掉。」

女兒說：「就算妳死掉，我們還是可以幫妳集結成書啊，而且妳又沒鎖文章，要看的人自己去看就有了。」

女兒說服我了。於是，我把「①把臉書文章集結成冊」這一條刪掉。

然後，兒子說：「每個人都要對自己的健康負責，只要減少過敏源就不會有什麼健康問題，妳為什麼想要為別人的健康負責呢？」

兒子說服我了。於是，我又把「②透過網路學 NAET 南式療法」這一條給刪掉。

兒子接著說：「我個人覺得，正念對妳自己和對別人的幫助很大，值得花時間去做。」

我覺得有道理，而且寫論文與練正念剛好可以交錯。所以我把寫論文和正念勾選起來，放入年度工作清單。

看著剩下的「④把紫微斗數學得更精」，我自己默默地把它劃掉了。若以提供社會心理諮詢的角度來看，我想我現在的功力已經足夠，我只是看不懂紫微斗數要我投資哪支股票而已，但這個部分恐怕我永遠都學不會，所以想學得更精這件事，純粹只是想要而不是需要。

通常心裡有一團理不清的毛線時，我就會找人談談，在一問一答之間，事情往往就被釐清了。兒女還小的時候，我也會找他們討論我的困擾，他們很早就知道我不是聖人，媽媽會做錯事、也有軟弱的時候，因此他們的理性與成熟度也早早就能發展出來。

常聽朋友說他們的孩子不體貼、任性、永遠都長不大，但從我的經驗，我猜想應該是這些家長總是表現出強大的樣子，以致孩子無法表現他們的體貼與理性，也沒有獲得發展的機會。

孩子已經長大了

隨著孩子開始獨當一面去追求自己的夢想，我和孩子們的關係，也慢慢進入成為彼此啦啦隊的階段。

有時候我是孩子們的啦啦隊。記得有次女兒為了寫報告而煩惱，她嘆氣說：「唉，或許我不像妳一樣有寫論文的能力吧？同樣的東西，別人寫就言之有物，我寫就平淡無奇。」

我以我的經驗回答：「妳哥哥昨天也說，以前看媽媽寫給大舅舅的信，簡直不知所云，一段話會講好幾件事，前後也不連貫。但改走學術路線，被老師改個一百次、被無數的期刊退稿之後，終於學會一篇文章只抓一個主題，沒關聯的就大刀砍去，一段話只講一件事，前後也有連貫了。所以，妳可以先去分析十篇妳覺得很棒的文章，然後試著模仿，如果最後還覺得自己寫不好，我們再來談妳是不是不適合寫文章，好嗎？」

有的時候孩子是我的啦啦隊。好比我之前升等沒過，以致原先用來升等的那篇論文不能用，得重新再寫，沒想到又被退稿，再加上同時還在趕科技部的計畫申請。所以那陣子的我顯然進入寫論文的「厭奶期」，人坐在桌子前面，卻是一個字都看不下去。

兒子能夠同理我，說道：「我了解那種做到想吐的感覺，前幾天我也是一樣，修一個音軌修到我連碰都不想碰。所以妳要不要就暫時放下不管，去玩一下？做點別的事？」

雖然這個道理我也知道，但當自己身陷其中時就是無法豁達，只想趕快寫完了事。然而經啦啦隊這麼一提醒，我就離開家到附近的後火車站走一走，走著走著，那種討厭的感覺也就消失了。

最近在研究婚姻與家人關係，發現隨著生命階段的改變，親子的關係也會跟著改變。然而大部分的家長卻因為慣性，即使孩子已經三十幾歲了，心裡還是會用十三歲的標準來要求他們。**只有家長跳脫出來，用孩子的實際年齡去觀看，才會發現他們的能力、他們的洞見竟是如此讓人驚奇。**

心法 05

存在即是美好。

記得女兒即將從雪霸下山前，需要我前夫去幫忙搬家，那時我跟女兒用語音聯絡著此事。

女兒問我：「妳今天好嗎？」

我說：「本來不是很好，但後來就變好了。」

女兒問：「發生了什麼事嗎？」

我告訴她：「這陣子我有一種好像回到妳兩三歲時的感覺，一種不為什麼就覺得很幸福的感覺。那時你們還小也常生病，而我在東吳大學的工作也有很多問題必須解決，可是很奇怪，明明事情很多，但一切就是那麼地圓滿、那麼地幸福。不過，後來去念碩、博士，進入學術界後，這種感覺就消失了。這一陣子連續生病了兩個月，沒想到那種幸福圓滿的感覺又回來了。」

女兒說：「可是，妳剛剛不是說妳本來不好，是有發生什麼事讓妳的狀況變不好嗎？」

我回答：「是啊，那是因為我和同事聊到她正在執行的計畫，談到她實際完成多少工作、幫助了哪些人，然後我就整個感到大羞愧，覺得自己像是個頂級筆電卻只做著文書工作。覺得很對不起那些當初資助我去讀碩、博士的捐款人。」

女兒又問：「那後來發生什麼事，又讓妳的心情變好了？」

我說：「後來我去一所高中演講。演講主要的目的，是要增進老師們教育學生性別相關議題的能力。講完以後，有一位男老師拿著他跟太太之間的傳訊內容給我看，他告訴我，聽了我的演講才知道，要跟對方性接觸前得問得清清楚楚。如果對方模稜兩可或半推半就，不要以為那是在害羞，極有可能對方是真的不想要，只是因為賀爾蒙竄流全身，所以人們很容易忽略這些訊息。

「而且我還進一步解釋說，男女要達到性高潮，生殖器官需要充血，如果沒有準備好，不只不舒服，還會很痛，即使對方很勉強地配合，都是一種不愉快的經驗。他聽完後馬上傳訊息跟太太開玩笑說：『哇！原來我理所當然的翻身就上是犯法的。』他太太也開玩笑回答：『我都準備好要擬訴狀告你了！』聽了他的分享，我就知道這位老師完全理解我想傳達的觀念，這也才覺得自己對社會是有那麼一絲絲的貢獻，覺得自己是值得的。」

一念天堂，一念地獄

女兒用非常不可思議的口吻說：「妳怎麼會覺得自己對社會沒有貢獻？」我說：「會啊，那就是一種感覺。雖然感覺不等於事實，可是人有時就是會無可避免地這樣想，也很容易把感覺當成事實。其實妳哥哥之前也因為看我不是很開心，便來問我發生什麼事，我跟他講了之後，他拿出平板電腦點開我的臉書，隨便指著一篇說：『這篇有一萬多、那篇有四萬多的觸及人數。如果我們餐廳貼文的觸及人數，一個月有這個數字就要放鞭炮了。妳怎麼會覺得自己對社會沒貢獻？』我想想也對，這也才更安心地說，我好像對這個社會還有點用處。」

女兒想了想後跟我說：「我覺得不對。妳記不記得，妳學生曾在妳的貼文下留言說，她想要去念博士，但擔心自己的能力不足，而她的媽媽說，她只是不夠努力而已。」

我說：「我記得。」

女兒說：「妳記得妳給的回應是什麼嗎？」

我說：「我記得我說，不管念不念博士，她的存在對我而言即是美好。」

女兒緊接著說：「但是，如果按照妳剛剛那段話的邏輯，好像非得要對整個社會有貢獻才是美的、才是值得的。我發現妳有兩套標準，對我、對學生、對眾生，妳給的標準是存在即是美好；但是對自己，卻是要對社會有貢獻才是值得的。這是為什麼？」

女兒的挑戰，突然讓我領悟到，何以在兒女幼年時期我會感到幸福圓滿？因為在那段時光中，即使生活不順遂，但透過看待兒女的角度來看世界，我總是會領略到存在即是美好。他們不需要跑贏人家，不需要發展得比別人更快，他們光是存在，對我來說就是美好的事，我也因此感到幸福圓滿。

這也是為什麼，我們會對家裡的狗狗有那麼深的愛。因為狗狗不需要拿博士，不需要會跳火圈，光是存在就是件美好的事，也因此和狗狗在一起，會感到人生是如此地幸福圓滿。

雖然最近我連續生病了兩個月，但對我而言，生活不需要日日平安，也不需要天天有好事，光是存在就那麼地美好，也因此近來我深深感受到幸福與圓滿。如果一直都要與他人比較，非得用社會集體的標準來檢視自己，只會讓我的信念從存在即是美好，轉變成非得對社會有貢獻才行，那我的心情也會瞬間掉入地獄，進而失去了能量。

一念天堂，一念地獄。

我從這段與女兒的對話中領悟到，我不需要汲汲營營地去討好全世界才能擁有愛，我光是存在，即是美好。

或許有人會擔心，擁抱存在即是美好的信念會讓人變得自私，摒棄對社會的關懷。然而從我自己的經驗來看，正是因為相信存在即是美好，少了自卑與自責的消耗，反倒讓我的內心湧出極大的能量，想要把自己所擁有的幸福與大家分享。

心法 06

我們不需要像別人，做自己就可以了。

有一次帶學生到德國海外實習返家後，女兒問我行程是否順利。我說我一如往常地讓學生擔心，好不容易領到託運行李，一轉身卻只拿了隨身行李就要回家，還煩勞學生在身後大叫：「老師，妳忘了行李！」我形容自己是遠洋漁船中的戰鬥魚，存在的意義就是要激發學生長大成人。

說起存在的意義，我談起之前看過的一部電影。故事內容大概是，一位安靜寡言、與妻子離異、講話動輒惹惱孩子的男人，十分欽羨一位生性樂觀又有智慧的客戶。有一天，他看到這名客戶一家和樂、與鄰里關係和睦的樣子，忍不住便跟蹤起他來，卻沒想到在某次的跟蹤目睹了這名客戶自殺。於是男人放下事業不顧，著魔似地拚命尋找，何以這個看似幸福的客戶會斷然結束生命？

冒著觸犯法律風險與侵犯他人隱私的狀況下，男子終於找到答案，但他也被警察逮捕了。警察問他：「找到答案後，你有覺得舒服一點嗎？」他搖搖頭說：「沒有！」後來他也得知他以為的答案，原來只是場誤會，因而失落不已。

於是，他說服自己接受不是什麼事情都有答案，也體會到知道答案也不會比較好，便回到自己的公司。然而他的助理留了張紙條，說她已經盡可能地等待，因為始終等不到他回來，所以決定離開。助理也感謝他，那麼多年來總是準時出現在公司、照顧大家的心情，讓她覺得好安心，也才敢放手去嘗試與冒險。終於，男主角似乎領悟到了什麼，在影片的最後，放下尋找答案的執念，回到日常生活。他的表情是開心而滿足的。

我跟女兒說，看完這部電影，我對自己的存在有了另一層領悟。在德國實習時，我們帶幼兒到遊樂場攀爬玩耍，基於要給幼兒探索空間的共識，大人只是站在旁邊看著。在這段不能教導孩子的時間，很快我就覺得自己站在那兒沒什麼意義，開始無聊起來。

這時，在同個遊樂場玩的另一所幼兒園，小朋友們正準備集合離開，便把遊樂場的柵欄給關起來。突然間，我們幼兒園的一位小朋友，滿臉驚恐地奔跑到柵欄邊，趴在上面狂哭，用德文對他們大叫。雖然我聽不懂他在喊什麼，但可以猜到他以為自己被拋棄了。

於是我蹲下身，看著他說：「我在這裡呀！那是別的幼兒園，我們一直在這裡沒有離開過。」驚魂未定的他小手死命抓著我，遲遲不肯放手去玩，我並沒有催促他，只是跟他說：「你可以去玩喔，我會一直在這裡。」但他還是沒有放手的意思。

過了一會兒，他感到無聊了，便放開手跑去沙坑玩，只是過程中不斷回頭，確認我有沒有離開。我遠遠地對他點點頭，示意我會一直在這裡。就這樣來來回回了幾次，他才肯放下心，頭也不回地四處去玩耍探索。

在那一瞬間我赫然發現，原來在我看來這麼平凡無奇的存在，卻會對一個孩子具有如此重大的意義。

女兒聽了我講的故事後，也有了屬於她的體會，她說：「原本我很羨慕那些生活超級精彩，隨時可以說走就走、去旅行的人。但是我知道我的身心沒辦法承受巨大的變化，所以一直覺得自己不夠好。聽了妳說的故事後，我想我不需要期待自己像別人一樣。即使做到了，我也不會快樂，因為那個人不是我。」

無論怎麼樣的存在都是好的。存在的本身就是一個意義，你不需要像別人，做自己就可以了。

拿掉負面的形容詞

除了做自己，維持自信也很重要。記得有次女兒跟我說：「媽媽，我有個同學明明長得超美的，卻一直說自己很醜不想拍照，這是不是因為她沒有自信啊？」

我說：「是啊！她沒有自信。我猜她可能常常被說醜。」

女兒馬上反問：「咦，妳不是說她沒『自』信，但又說她是被講醜的，這兩件事不一樣吧？一個是對自己有沒有信心，一個是別人對她有沒有信心。不過有件事妳說對了，她從小就被媽媽說醜。」

我說：「剛出生的嬰兒就像一張白紙，怎麼看自己、怎麼看世界，都是由重要的他人開始建構的。即使長大以後，他如何看待自己，還是有很大的一部分，會被別人的眼神和話語給影響。因此，自信的確是被他人建構的。」

女兒說：「哇，那大人要很小心嘍？」

我回答：「是啊！好比一個小孩爬上爬下、一直很吵，這時妳說他『煩』，他就會認為自己是個惹人厭的人，可是如果妳說：『我在講電話，請你不要發出聲音。』他就不會覺得媽媽討厭他，而是因為講電話需要安靜。所以怎麼對孩子說話，也會決定他如何看待自己。」

女兒說：「可是生活中還是有好多人會搞得我很沒自信，到底我要怎樣才能有『自』信？」

我跟她說：「換做是我，我會更積極一點，拒絕別人把我搞得沒自信，尤其是那些跟我們密切相處的人。好比有人說：『郭葉，妳太少根筋了！』我就會請他把『少根筋』拿掉，請他直接跟我說：『郭葉，我希望妳可以如何如何……』如果只是偶爾來往的人就算了，但對於天天都得相處的人，我會很堅持地拒絕『少根筋』這種形容詞。」我繼續說：「所以，如果妳覺得身邊的人常常用類似的形容詞開妳玩笑，把妳弄得很沒信心，好比說妳『台、變態』，只要堅持，請對方把『台、變態』，改成『我希望你如何如何』，起碼在感受上妳不會覺得對方在批評妳。而我們也有責任，去要求身邊的人對我們好好說話，如此關係才能長長久久。」

心法07

謝謝你讓我愛你。

幾年前看了楊力州導演的紀錄片《被遺忘的時光》，想起我在加拿大讀書，有一次打電話跟外婆問安，聽到當時已經有些失智的外婆說：「不好意思啊，我不記得妳是誰。」的悲傷感。

被所愛的人或愛你的人忘記，應該是最悲傷的事了。

但從另一個觀點來看，人的腦袋跟電腦硬碟很像，遲早會壞軌找不到正確的區軌；遲早會變得難開機；遲早會忽然掛掉。換句話說，那個現下讓你愛得死去活來的人，有一天你不會記得他；現在你汲汲營營、錙銖必較的財富，有一天也不會再有意義。

如果這些是遲早要發生的，那麼，現在究竟應該在乎什麼？想這件事的時候，女兒正因為要補考數學焦慮得睡不著覺，我一邊安慰她一邊在心裡想著：「就算有一天我不會記得妳，但起碼現在我能用我最大的力量，幫助妳度過難關。」沒多久狗狗蹭了我一下，我抱起牠的時候心裡又想：「有一天我也不會記得你，但現在我會用最大的力量，讓你覺得在這個世界上你是被愛著的。」

就在那一刻，我突然了解到，唯有把握當下才是最真實的。

所謂的「把握當下」不是說，我要變成一個完全的及時行樂者，而是我會努力讓未來的我身心安適，卻不會以之為名而盲目追求。我會隨時回到「當下」，享受親情、知識與美食所帶來的愉悅。

所以，若一切都是虛空，也就沒有比活在當下還重要的事情。

讓我陪伴你

有記憶以來，我只要回家就一定看得到媽媽。媽媽也總是說：「讓家人看到你是很重要的。」我記得還在加拿大讀書時，曾經接過老爸一通奇怪的電話。

老爸說：「我回到家，妳媽媽不曉得跑到哪兒去了？」

我說：「應該是出去辦事吧？」

老爸說：「肚子餓死了！」（其實我家一出門，就有幾十間餐飲店。）

我說：「那就出去買東西來吃好了。」

老爸：「喔……」

當時我不懂老爸的焦慮，但後來看了心理學的相關實驗，了解「陪伴」的重要性後，才知道為什麼媽媽會說：「讓家人看得到你是很重要的」。

在那個實驗中，有一名預期接受電擊的受試者，每次燈亮就表示會有電擊發生，因此每次看到燈亮，受試者的腦部壓力區就會變得很活躍（表示受試者壓力大，也感到害怕）。接著試驗當受試者的手被人握住時，有沒有什麼不同反應？結果發現如果受試者的手被陌生人握住，看到燈亮時，腦部的壓力反應區還是很活躍；但如果受試者的手是被自己愛的人給握住，看到燈亮時，腦部壓力區的反應就趨緩許多。

媽媽的身教再加上實驗證明，所以我在我的家庭生活中，也一直是盡可能地陪伴家人。

最近兒子正面臨著工作上的難關，雖然他下班回家都已經半夜了，但就因為知道陪伴的重要性，所以我會先小睡一會兒，等他回來時我就可以醒著，陪他說話、吃消夜。當初女兒面臨學測壓力時，我也是這樣陪她。

昨天半夜我跟兒子說：「殺不死你的，會使你更強。」

兒子說：「不是！殺不死我的，是因為我捨不得妳們。」

愛你讓我成為更好的人

最近我和女兒一起去上瑜伽課，課程中，老師透過活動訓練我們覺知與如實反映的能力。活動規則是，我得看著對方，並且說出對方身體的某個特質，而對方也得要像鏡子般反映我的一切。不只是複述我說的話，連我的表情、聲音、情緒也要如實反映。

這個練習對我來說沒有困難，但課堂上一些年輕的同學們，包括我的女兒都碰到了問題。有的人是沒辦法正確詮釋對方的狀態，有的人是知道對方的狀態，卻沒有辦法如實反映聲音或情緒；意思就是他們的腦袋知道對方怎麼了，但是卻表達不出來。

看到大家有困難，我忍不住用我的經驗建議：「想像自己是一個母親，然後妳的孩子對妳說：『我很好』，但他的臉部表情、說話聲音，都給妳有些悲傷的感覺，於是妳改變自己的狀態，用相應的表情、聲音來回應他：『你真的還好嗎？』」之後大家也就能夠抓到訣竅，開始練習起來。

我也是在當母親之後，才有覺察他人情緒、與他人同在的能力，在此之前，我的注意力都在自己身上。然而因為對孩子的愛，我必須打開所有的覺知，才能搞懂眼前這個不會說話、只會哭的小嬰兒想要表達什麼；也因為愛他們，我得像個演員似的，馬上調整聲音、表情和情緒，對小嬰兒表達我知道你的感受、我的心與你同在。

因為愛，當孩子興高采烈拿著他們得意的作品衝向我，就算我正因為被退稿而心情不好，我都願意把自己放下，迅速調整自己的狀態，以雀躍的身心與他們同在。而我自己也因為調整，心情跟著亮了起來。

啊，原來是愛！因為愛，我變成一個更好的人。

謝謝你讓我愛你，因為愛你，我變成了一個更好的人。

心法08

凡事認真，切莫當真。

到醫院做體外震波治療時，聽到隔壁診間復健師和一位阿嬤病患的對話。

復健師：「阿嬤，妳要放鬆一點，不要那麼緊張，要不然再怎麼治療也沒有用。」

阿嬤：「我哪有緊張？我很放鬆啊。」

復健師：「我剛剛看妳坐在那邊眉頭深鎖，身體也弓起來，好像很煩惱的樣子。妳是有什麼煩惱嗎？」

阿嬤：「沒有啦，以前操煩三餐，現在操煩孫子，習慣了，所以沒事也會操煩。」

聽到他們的對話，讓我想起孩子們給我取過「花豹媽」的稱號，不禁覺得莞爾。兒子、女兒還小時，我們曾玩一個「我像什麼動物」的遊戲，藉機讓他們認識自己並培養其描述能力。當我請他們形容我像什麼動物的時候，兒子說：「媽媽像花豹。」

兒子的回答把我嚇了一跳，我平常無為而治、不罵不打，為什麼兒子會覺得我像花豹呢？他說：「媽媽寫論文或讀書的時候，身體和眼神都像是花豹要撲上去的樣子。」當下我覺察了一下身體，發現兒子果然看到我自己沒有看到的地方。

自從當單親媽媽帶孩子出國讀書以來，我幾乎時時都在警戒著，一方面得保護孩子的安全，還得要勤奮地寫論文，心情隨時都處於戰鬥狀態中，身體也跟著緊繃。日子久了就全身痠痛，即使知道要放鬆，但念頭沒放鬆，身體也鬆不了。

直到我接受正念訓練，讓身體掃描的活動教會我好好呼吸，沒事就從頭掃到腳，感覺哪裡緊繃就去哪裡看看，研究它、陪伴它。有趣的是，那些緊綳的地方被我看著看著，也像害羞的小姐回應我說「好啦好啦」，然後就放鬆下來了。

至於念頭我也是慢慢地放下了。國立台北教育大學的領導團隊都知道，要教出優秀的小學老師，需要教授們用心的陪伴，因此學校不會用條文去逼迫老師若六年無法升等成功就得離職，而是用評鑑條款要求論文品質，老師僅需要努力達到評鑑要求，不用去迎合種種「政治正確」的升等要求。

過去的我曾被集體制約，覺得看到樓梯就一定要爬，沒有爬到教授這個位置就是不對、投稿到英文頂級期刊的人才厲害。奈何我英文不好，這種對我而言像是英文作文比賽的事情，只會把自己搞得超級慘。後來透過修行，我漸漸放過自己，才開始寫中文期刊論文給有需要的人看，不覺得被人家稱郭葉「正」教授有什麼了不起後，身心才慢慢變得不「花豹」。

執念的脫落加上時時覺察身體，這幾年我的神經路徑慢慢放鬆。現在的我只需要去治療身體上的舊傷即可，有緣治好就治，無緣治好就與之同在。

雖然有時候我還是會花豹一下，但我可以感覺得到，心中的花豹正在悄悄地變成呼嚕呼嚕的貓咪呢！

人生不過是一場體驗

我一向睡得多，沒辦法像有成就的人睡個五小時就夠了。經歷過自我責怪，我終於接受每個人都不一樣，就像有些人需要吃三大碗，但有些人是小鳥胃，如果我需要睡十小時，那就是十小時。但最近我睡得很少，一早就自動起床工作，焦慮地寫論文，唯恐趕不上截稿日期，能量嚴重不足，即使靠練氣功來彌補還是覺得好累。

前幾天中午和研究生小聚，看到他們正為自己的前途感到茫然，有人覺得隨便抓個目標就好，有人總是舉旗不定，碰到每件事都懷疑這是不是自己要的，結果什麼事都做不了。

我說：「你們不要太在意時間。不是說不用準時提交論文。而是不用太在意非得在何時找到人生目標，或者非得什麼時候結婚生小孩、什麼時候死掉才是對的。我們每個人都是不一樣的！就像青菜一下鍋就熟了，紅燒牛肉卻要燉五十分鐘，有些菜餚得在什麼時間放什麼食材下去，味道才對。所以，為什麼我們要跟著集體意識，給自己一個框架，非得在什麼時間跟大家一樣才對呢？」

下午上課的時候，我請學生們把眼睛閉起來，把手放在胸口感受一下，用一到五來評量，心情糟透了是一，心情好極了是五；接著我請大家把手舉起來，用手指比出數字來表示心情。於是學生感受著自己的心情，緩緩地把手舉起來，用手指表示他們現在的狀態。

然後我跟他們說：「我們經歷的每一件事，有些是可以解決的，有些是不能解決的。搭錯公車的懊惱不能解決，被人酸了兩句的壞心情也不能解決，所以我們不是要去解決它，而是去接受它、陪伴它。如果你覺得太難受想趕快忘記，所以不去談它、不去看它，甚至說服自己這件事情不存在。雖然會暫時好像沒事，但未來某個時候和類似的事情相遇時，它就會大復活，新的事件和舊的不如意捲在一起，負面情緒只會變得更大、更複雜。」

我讓學生陪伴一下自己的壞心情，要他們說說可以做些什麼事，讓受傷的內心開懷一點。有些人說要吃一塊很棒的蛋糕，有些人說想要獨處不用掛心別人。

事實上，我跟學生說的這些話，也是在對自己說的。

晚上回到家，我跟兒子、女兒說：「今天晚上我要廢到爆。」於是我吃了想吃的東西，看了很多集《吉爾莫女孩》看到睡著。睡覺時如常做夢，夢到我搭錯電梯到不了目的地，但卻是用一場看電影的心情來做夢，而不是我真的在夢裡迷了路。隔天早上起床，我發現自己恢復「正常」，足足睡了十個小時。這一陣子接連發生許多事，讓我的身體與情緒都太過投入，忘了生活不過只是一場體驗，而不是真實的戰役。

透過給學生的忠告，讓我再度想起一位智者送給我的話：「凡事認真，切莫當真。」

心法 09

回到初心，便能長出智慧。

從小我就對佛經裡說的事很感興趣，然而因為生命中的各種任務，沒有餘力定下心有系統地閱讀經藏，而且說實在的，文言文我也看不懂。還好我有一位好朋友，會像讀書會般地把他看到的佛理講給我聽，只是他進步很快，沒多久我就跟不上了。

有一天他說：「二果聖人因對欲界煩惱未完全斷除，所以還必須在人間天上來往一次。」

我忍不住問：「二果聖人還要來幾次和我有什麼關係？我知道這個要做什麼？」

他回答我：「我會跟妳說二果聖人還要來幾次，是要給妳一個離苦得樂的進程。妳不是覺得人一直活在慾望和痛苦中，滾來滾去、沒完沒了，因而對佛教有興趣嗎？」他的答覆把我帶回最原始的動機，我秒懂為什麼他會跟我談二果聖人還要來幾次的原因。

因愛而有溫度

在學校上家庭溝通課程的時候，我跟學生說，為了表示你對家人的尊重，跟他們講話時要把手邊的事放下，手機收起來，並將身體轉過去、用眼睛看著他們，微微點頭，重複他們的話，讓對方知道你有在聽，而且有聽進去。有一位學生覺得這樣很麻煩，問我：「難道不能一邊做自己的事一邊回答嗎？」

我馬上邀他一起演練。由他來問我問題，而我背對著他，眼睛直勾勾地盯著電腦螢幕，但是嘴巴有在回答他的問題。學生馬上就知道我要表達什麼，畢竟那個感覺真的是不太舒服。

他接著又問：「可是要放下手邊的事真的很難呀，總是要等到事情告一段落吧？有時事情被打斷就很難再接回去。」

我回答：「正忙於一件事情時，的確很難當下抽離，就像車子開動後也會有一個慣性往前衝，很難立刻停下來。然而現代人大多無時無刻在工作、滑手機、玩線上遊戲，這個慣性讓人很難中斷眼前正在進行的活動，加上家人跟你講的事通常也不是什麼大事，從此以後，親人之間再也沒有有溫度的接觸了。」

學生了解了，但還是唉唉叫：「好難放下手邊的事情。」

我又舉了自己的例子：「慣性真的很難突破。像是過去我在念碩、博士的時候，英文沒有很好，但光是指定閱讀一週就要讀一、兩百頁，那種焦慮幾乎破表，巴不得一天有四十八個小時可以拿來讀書。當時我的孩子還小，每天都有一百個問題要問我，有一百個挫折要我陪他們度過，雖然我已經做好準備，但不免還是會對一直被打斷產生不耐感。」

「後來我用了一個方法，就是『回到初心』。」我繼續說：「我回想當初想要念碩、博士的初衷，是因為對人的愛，想要透過所學讓人們少些恐懼。但如果我的孩子因為我一直在念書而感受不到愛，因為沒有我的陪伴而感到恐懼，那就本末倒置了。」

於是我做任何事都會先回到初心，也就是回到對人類的愛、對孩子的愛。當孩子需要我時，無論如何我都會因為愛而願意放下手邊的事，至於工作，等一下再接上就好了。

女兒長大之後生活開始變忙，這時她才赫然發現，我被打斷時居然完全沒有內心的波動，處理完事情還能馬上回到原本正在進行的工作，覺得太神奇，問我是怎麼做到的。我想這都是因為我經常做初心練習，因此離得快、回來也快。

就像這篇文章一開頭講的那個例子，當我聽不懂朋友為什麼要教我二果聖人時，只要回到初心，我就聽懂了。

當我覺得手邊的事情被打斷很煩，只要回到初心，我就不覺得煩了。

初心總是能讓我們有智慧和力量去搞懂一件事，或改變一個習慣。因此我們從一開始就要清楚知道，做一件事情的初心是什麼。只要清楚知道自己的初心，就會擁有智慧與力量。

婚姻碰到困難時如此，工作碰到困難時如此，和家人有摩擦時亦如是。

心法
10

如何避免壞心情？

幫托育人員上課回家後，女兒問我：「今天順利嗎？」

我說：「順利啊！不過上課前和一位學員閒聊，她提醒我坐在後面的學員會忘我地聊天。果然開始上課沒多久，那些學生就一直在聊天，完全不在意我說什麼，連音量都沒有放低呢！」

女兒說：「如果是我一定會很生氣。」

我說：「還好事先有人提醒我，這種經驗在學校也有，所以我就跟學員說：『請你跟我這樣做。』我拍了三下手，學員們跟著拍了三下手，我再拍一下，學員也跟著拍一下，最後我再拍兩下，學員又跟著拍兩下。很快地，學員就因為拍手的聲音、從眾的習慣和需要模仿我的動作，不再聊天了。」

「接著我跟學員說：『你們看，我不用碎念不要講話了、也不用生氣，只要簡單的一個活動就把大家帶回來了。所以當小孩玩到忘我不收玩具時，你們不需要碎念，也不用罵人、生氣，用方法就好了。我來這裡就是要教大家不用打罵，也可以把小孩教得很好的方式。』結果接下來的三個小時，大家都好認真，再也沒有人自顧自地聊天了。」

女兒拍拍額頭說：「都已經是成人了還沒辦法約束自己。如果是我的話，一定會生氣、會開啟碎念模式，如果制止無效就只好放生坐在後面的人了。究竟妳是怎麼做到不生氣、不碎念、不放生呢？」

我說：「我從小就是佛教徒，對觀世音菩薩很有感應，當時我就想，觀世音菩薩會怎麼做？觀世音菩薩應該會慈悲那些想上課的學生，希望他們能夠安心上課吧？觀世音菩薩應該也會慈悲那些不想上課的學生，希望幫助他們把注意力拉回來吧？

「我有好幾次在黔驢技窮的時候，都是用這個方法脫困，學生們用了也有很好的效果。記得曾經有個學生因為辦活動，沒接到家裡電話，趕不及回去見媽媽最後一面，因此不斷自責。她是一位基督徒，所以我就問她，妳覺得耶穌會沒辦法原諒妳沒接到電話，沒見到媽媽最後一面嗎？她突然了解到，她所糾結的是自己不願意原諒自己，其實在更高層次的眼光中，根本就不存在原不原諒這個問題。」

當你不知道該怎麼辦時，試著想像你所仰望的人或神會怎麼做，無論是巴菲特、阿彌陀佛、耶穌，任何你想要依照他的道路而行的人或神都可以。這個方法可以幫助你建立安全感，並且超越既定的框架思考。

破除自己不夠好的魔咒

幫研究生上課時，談到人類為什麼總是生活在痛苦中？這是因為當你認同一個概念，腦中就會內建一組「父母」。當事情做不到時，你彷彿就會看到父母失望的眼神，因而感到痛苦；反之，要是做到了，也彷彿會看到父母欣慰的表情，讓你感到開心。

於是為了得到快樂，人會在腦中不斷巡邏問自己：「我做到了嗎？我真的做到嗎？我有很棒嗎？我真的有很棒嗎？」問題是，你所認同的價值，並不代表你一定能做得到。

譬如一個人認同適婚年齡就該結婚的概念，偏偏就是沒有碰到喜歡的人，雖然這不是自己可以控制的，但因為自己成了所謂的「剩女」，所以就感到痛苦；一個人認同要出人頭地的價值觀，但是出人頭地實在太抽象，而且一山又比一山高，所以永遠覺得自己比不上人家、永遠都感覺自己不夠好；一個人覺得自己應該要當個好母親不讓孩子受苦，但孩子總是會生病或者老是選擇一些苦差事來做，做媽的擋不了孩子吃苦，就覺得自己不是一個好母親。

這讓人總是處於痛苦中。因為人所認定的價值經常在變動，或是事情根本就不能掌握在自己手上。

當我了解到，人類的痛苦源自達不到對自己的要求後，我就設計了一套方法來自爽——每天睡覺之前，我都會設定明日的目標，這些事情都很明確也很合理。好比：

我要打坐三十分鐘。

我要做瑜伽三十分鐘。

我要寫論文三十分鐘。

隔天醒來我會去做這三件事情，都有做到之後，我就會告訴自己：「我很滿意今天的自己。」當然我一天不會只做三件事，但不管我做了其他什麼事，通通是加分了。好比：

我寫了一篇臉書文章。加分。

我又寫了論文六十分鐘。加很多分。

我不會去設定一些抽象的高遠目標，而是採取只過基本門檻的概念，達標後就是往上加分。這種設定就如同我對孩子的期待，只要能養活自己即可，其他的做到都算你行！

我會對那個達標後加了分的自己說：「我真行！」

無常是常態

女兒回家的路上押錯寶，發著燒等公車，車子卻過站不停，氣得她回家後一直「啊、啊、啊」地大叫。但叫完以後她還是很有禮貌地跟我說：「發洩完了、叫完了，換妳。妳今天好嗎？」

我說：「自從換了筆電以後，就不知道什麼叫做中毒了。但今天在準備過幾天要演講的內容時，發現隨身碟中毒不能用，剛準備好的新講綱還來不及備份就沒了，所以一整天都在重做簡報。」

女兒說：「那不是氣死了？妳應該也要『啊、啊』大叫一下才不會內傷，而且究竟是哪個笨蛋傳染病毒到妳隨身碟的？」

我說：「不管是誰，這種事就是會發生啊。反正大部分都有備份，只有這場演講需要重做而已。」

女兒問：「要怎樣才能像妳一樣不被生氣折磨呀？」

我笑說：「我還是會生氣呀，而且一氣就是天上地下都會震動、全部的人都會瑟瑟發抖的那一種。但類似這種沒辦法預期、沒有辦法控制，從天上掉下來的事情，我就氣不起來。」

女兒又問：「為什麼氣不起來？像我的體質很容易感染到別人的情緒，我就會很生氣，為什麼是我有這種體質呢？就像別人有先天性疾病，他們也會很生氣，為什麼是我有這種疾病呢？」

我回答她：「我想是因為在我的生命當中看過、聽過很多的故事，了解到處處是意外。所以當事情不如意的時候，雖然是意外，但其實也不意外，所以很快就能夠放下。」

「今天剛好有網友留言問我：『妳一個人把兩個小孩帶大，難道妳對前夫沒有任何怨言嗎？』我回覆他：『另外一個生命，是我們沒有辦法掌握的。我婚前並沒有能力看出他對股票期貨的興趣，所以對我來說算是意外，也不是我能夠掌握的。既然是意外，也就沒什麼好生氣了。況且，就算沒有這場財務災難，也有可能因為一場車禍就失去先生，到時我還是得一個人帶小孩呀。人生無常，意外是常態，沒有什麼好氣的。』」

無常這件事，在我們的身邊天天上演。螞蟻那麼辛苦建造出來的螞蟻窩，只要下場大雨就會被水沖走；前一天還去拍婚紗照的新人，可能因為隔天一場車禍，其中一個人就走了。說來，**意外根本就是意料中的事，整個世界根本就是由無常組合起來的**。

如果你經常被沒有辦法掌握的意外氣個半死，試試看打開眼睛，看看生活當中的無常吧！當你真正看到無常是常態，就如同空氣般地自然時，再碰到這種從天上掉下來的倒楣事，情緒就比較能更平和，也能更單純地把事情解決好，而不再糾結為什麼我那麼倒楣。

心法 11

全宇宙都會支持你。

從我家到捷運站，無論走哪條路都會經過一間宮廟，雖然女兒理性上知道那沒什麼，但心裡就是會不舒服。女兒說，這種無名的情緒，就像是沒來由地恐懼或討厭某個人，無法可度。

所幸我活得夠久，有過化解這類事件的經驗。

我告訴她：「從你們小時候，我就設定你們念完大學得搬離我的住處。當妳哥從我心中的自學大學畢業，而妳也大學畢業後，我就請你們在半年內搬出去，其實我也曾恐懼一個人的生活。但當時我就跟宇宙所有的存在說，我想要化解這個恐懼。然後我也沒有特別做什麼，很單純地把這件事，當作一個我想要解決的議題。有一天，我和朋友們聚會，聽著她們抱怨老公如何如何時，我心裡冒出的念頭竟然不是『至少妳還有個老公可以陪伴』，而是『一個人生活挺自在的』。那一刻我便知道，我恐懼一個人生活的議題已經結束了。」

女兒說：「妳的意思是說，妳許了一個願，然後宇宙就會安排個什麼事情來讓妳頓悟？」

我說：「不是這個意思，而是這個議題就自然地消失了。」我換了另一個例子跟她說：「其實我以前是很擔心無常的，畢竟我一個人養你們兩個，擔心如果我死了你們怎麼辦，就算妳舅舅說我死了還有他們，叫我不要怕，但我還是害怕。

「理性上我知道他們很可靠，況且你們的個性、能力都很好，即使我死了，你們要在這世界上活下去也不是難事，但我就是會怕。說穿了，我就是恐懼無常，於是我就跟全宇宙的存在說：『幫我吧！幫我超越對於無常的恐懼吧。』

「我沒有特別去想要怎麼做，就是單純相信這個議題會解決而已。前幾天我的隨身碟壞掉了，我沒有捶心肝，就只是想說，喔，壞掉了，那就重做吧。在那個瞬間，我知道自己在恐懼無常這件事上，已經進步了。不是說隨身碟壞掉讓我超越對無常的恐懼，而是在無形中，我的內宇宙似乎默默在改變，隨身碟壞掉只是讓我看到，在這個議題上，我已經走到這裡。」

女兒又問：「妳或是宇宙所有的存在到底做了什麼，讓妳無形中進步或超越了？」

我說：「我也不知道。但我以前聽過，人類的腦袋只有用到十％，還有很多部分是被閒置或尚未開發。對這個說法我是很相信的，就像手機的功能，恐怕我也只用到十％而已。因此我全然相信自己的身體、自己的腦袋要比我想的厲害許多。只要我相信它，它也就會盡力幫我。

「除此之外，我還相信宇宙所有的人、事、物原本都是一體的，我們只是大爆炸之後分出來的而已，我相信我們彼此是相連互通的。當我發出願望的時候，我全然相信我的腦袋、我的身體，還有我與他人的連結會召喚智慧聚集，就像一群來自世界各地的科學家，聚在一起解決我所提出的問題。」

每個人的生活中都會有無法可度的恐懼與難題，不知如何去解決。然而宇宙如此之大，人類的存在是如此精密與複雜，我相信我們所知道的宇宙與自己絕非如此而已。

有需要的時候，或許可以試試向宇宙所有的存在發出願望，就如同孩子對慈愛的父母發出願望那樣，很自然地父母就會為他去張羅。或許有一天，在不注意之時，你會發現願望實現了、困擾解決了、恐懼消失了，而你所需要做的，只有放下既有的框架，相信全宇宙都會支持你。

國家圖書館出版品預行編目資料

我們，相伴不相絆：國民媽媽郭葉珍無為而治的後青春教養 / 郭葉珍作 . -- 臺北市：三采文化，2020.03
面； 公分 . -- (Mind Map ; 202)
ISBN 978-957-658-306-3(平裝)

1. 親職教育 2. 親子溝通 3. 子女教育

528.2 109000234

suncolor 三采文化集團

Mind Map 202

我們，相伴不相絆：

國民媽媽郭葉珍無為而治的後青春教養

作者｜ 郭葉珍
副總編輯｜ 王曉雯　專案主編｜ 黃迺淳　文字編輯｜ 吳孟芳
美術主編｜ 藍秀婷　封面設計｜ 池婉珊　版型設計｜ 池婉珊　攝影｜ 林子茗
內頁編排｜ 徐美玲　校對｜ 黃薇霓

發行人｜ 張輝明　總編輯｜ 曾雅青　發行所｜ 三采文化股份有限公司
地址｜ 台北市內湖區瑞光路 513 巷 33 號 8 樓
傳訊｜ TEL:8797-1234　FAX:8797-1688　網址｜ www.suncolor.com.tw
郵政劃撥｜ 帳號：14319060　戶名：三采文化股份有限公司
初版發行｜ 2020 年 3 月 6 日　定價｜ NT$350
6 刷｜ 2024 年 2 月 25 日

suncolor

suncolor